Uwe Janssen
Leben ohne ...

Uwe Janssen

Leben ohne ...

Geschichten vom Verzichten

© 2007 zu Klampen Verlag · Röse 21 · D-31832 Springe
info@zuklampen.de · www.zuklampen.de

Herausgegeben von
Madsack Supplement GmbH & Co. KG
Stiftstraße 2, 30159 Hannover, team@madsu.de

Umschlag: Groothuis, Lohfert, Consorten, Hamburg
Umschlagfoto: Jantke Janssen
Umschlagzeichnung: Stefan Hoch
Satz: thielenVERLAGSBÜRO, Hannover
Druck: Clausen & Bosse, Leck

ISBN 978-3-86674-016-7

Bibliografische Information Der Deutschen Bibliothek
Die Deutsche Bibliothek verzeichnet diese Publikation in der
Deutschen Nationalbibliografie; detaillierte bibliografische
Daten sind im Internet über ‹http://dnb.ddb.de› abrufbar.

LEBEN OHNE ...

Inhalt

Vorwort

Willkommen an Bord dieses Buches. Mein Name ist Uwe Janssen, ich bin Ihr Autor. Bevor Sie mit dem Lesen beginnen, werde ich Sie kurz mit den Sicherheitseinrichtungen – nein, nein, so nicht ...

Herzlichen Glückwunsch! Sie haben sich für ein Qualitätsprodukt aus unserem Traditionsunternehmen entschieden, das seit Jahrzehnten für hochwertige Verarbeitung und allerhöchste Qualität – nein, auch nicht, moment, so, jetzt ...

Das Leben ist ein Fluss. Anfangs ein kleines Bächlein, später ein reißender Strom.

Würden Sie Bücher kaufen, deren Vorworte so anfangen? Na, sehen Sie. Wer Vorworte so anfängt, der hat noch ganz andere Sorgen. Obwohl er inhaltlich natürlich recht hat. Das Leben ist ja wirklich ein Fluss. Zwischen Zu- und Abfluss liegt eine ganze Menge Überfluss. Der Freak mit der Keule hätte in seiner Höhle einfach so weiterleben können, aber er konnte die Finger mal wieder nicht still halten. Und so erfand er das moderne Leben. Er erfand, Wohlstandsgesellschaft, Reizüberflutung und gutes Benehmen, er erfand das Anklopfen, das Auswuchten und das Bügeln, er erfand Männer-Peeling, Nordic-Walking und das Reifen-Fahrbahn-Geräusch.

Und er erfand Vorwörter. Wer Vorwörter liest, sucht Halt und Orientierung, eine Botschaft, die ihn durch das Buch begleitet. In Vorwortlesezirkeln erzählt man sich gern die Geschichte von dem Mann, der sich gierig in ein Buch stürzte, ohne das Vorwort zu lesen, und irgendwo zwischen Seite 56 und 57 verscholl. Obwohl er sicher gern noch andere Seiten des Lebens kennen gelernt hätte, zum Beispiel Seite 58.

Das ist natürlich billige Stimmungsmache. Natürlich geht es auch ohne Vorwort. Und ohne Vorort. Und ohne so vieles andere. Genau diesen Beweis führt die Kolumne »Leben ohne« seit vielen Jahren in der Wochenendbeilage der Hannoverschen Allgemeinen Zeitung Woche für Woche. Jetzt also Seite für Seite. Von A bis Z. Dieses Buch will nicht die Welt verbessern. Aber eigentlich doch. Dieses Buch möchte den Verzicht lehren. Zum Beispiel den Verzicht auf andere Bücher. Nehmen Sie einfach dieses. Wenn Sie es schon gekauft haben – prima. Wenn Sie es noch nicht gekauft haben, gehen Sie jetzt bitte langam zur Kasse. Die Buchhändlerin guckt schon. Danke.

Animateur

Urlaub ist schön. Für Leute, die das nicht wissen, gibt es Animateure. Sie erklären einem, warum der Urlaub schön ist. Und Dauerregen auch seine guten Seiten hat.

Animateure sind auch schön. Sie wurden mit einer blonden Fönfrisur geboren und können seitdem surfen. Animateure müssen im Urlaub arbeiten, aber das glaubt ihnen ja sowieso keiner. Sie können gleichzeitig lachen, sprechen und Aerobic und bescheinigen schnaufenden Fettsäcken jeden Tag, dass die Bewegungen schon viel runder wirken als gestern. Gute Animateure kann man zu jeder Tag- und Nachtzeit anrufen, wenn man ein Problem hat. Meistens gehen sie allerdings nicht ran.

Und da geht das ganze Elend doch schon los. Eigentlich will man gar kein Aerobic oder blöde Strandspiele, sondern einfach nur fett in der Sonne rumliegen und ab und zu Pommes essen. Und dazu braucht man keinen Animateur, sondern einen Partner, der Pommes mag und ansonsten den Mund hält. Das eigene Animationsprogramm kann beispielsweise so aussehen:

»Herta?« (Name geändert)

»............«

»Heeertaaaaa!!!«

»Wat denn?«

»Schmier mich mal ein.«

»Kannst dat nich selbst?«

»Am Rücken, Mensch, da komm ich nich hin.«

»Aber dann holst du Fritten.«

»Schon wieder?«

In unserem Beispiel wird Animation auf die Befriedigung der menschlichen Grundbedürfnisse Essen und Einschmieren beschränkt. Dieses Programm kann sich drei Wochen lang wiederholen. Und hinterher war's ein Superurlaub. Was braucht man da blonde Surfer?

Antesten

Sie stehen vor DVD-Spielern oder CD-Spielern oder Computern, also vor allem, an dem es außer ein paar Knöpfen und einer ausfahrbaren Schublade nichts auszuprobieren gibt: Männer in Elektronikfachmärkten. Und was machen sie? Eject! Schublade auf, Schublade zu, Schublade auf, Schublade zu. Mehr geht nicht, aber, mein Gott, reicht doch auch. Schublade auf, Schublade zu, Schlitten rein, Schlitten raus. Ansonsten alles mal anfassen, mal bisschen ruckeln, Verarbeitung ist wichtig, was nützt die beste Elektronik, wenn das Gehäuse schon nach dem fünften Mal Runterfallen kaputtgeht. Natürlich fällt einem so ein Player nicht dauernd aus dem Regal. Aber wenn, dann ist Holland in Not. Da dürfen einem 49 Euro nicht zu teuer sein, die zwei Euro mehr gegenüber dem Billiggerät blättert man doch gern hin.

Noch wichtiger ist der Grabbeltest bei Haushaltsgeräten. Da man einen Rasierapparat im Laden nicht ausprobieren darf, drehen fusselbärtige Kunden das Ausstellungsgerät um alle Längs- und Querachsen, nehmen die Schutzkappe ab und schalten es, wenn möglich, ein und wieder aus. Wie Indianer mit dem Ohr auf der Schiene den Zug herannahen hören, können Männer am Geräusch eines Rasierapparates erkennen, ob das Ding glatt rasiert oder nicht. Staubsauger werden einmal unplugged über den Boden gezogen, um Kurvenlage des Wagens oder Manövrierfähigkeit des Saugfußes auch in unwegsamem Gelände zu testen. Anzutesten, wie der Spitzenkäufer sagt.

Ist die Antestphase abgeschlossen, fallen Männer in eine tiefe, meditative Kaufentscheidungsstarre. Minutenlang fixieren sie das Gerät, manchmal Stunden, und werden kurz vor Feierabend vom Sicherheitspersonal vorsichtig vor die Tür gestellt.

Es soll Männer gegeben haben, die vor einem Espressovollautomaten vergessen worden und unentschieden gestorben sind. Sie wurden im Untergeschoss beigesetzt.

LEBEN OHNE ...

April

Müssen wir an dieser Stelle schon wieder übers Wetter reden? Müssen wir schon wieder betonen, dass wir vom April mehr erwarten? Haben wir den April nicht in die Top 12 unserer Lieblingsmonate gewählt, weil er uns ausgesprochen talentiert erschien? Weil er uns zwar als launisch angekündigt wurde, aber auch als sturmstark, guter Vorbereiter im vorderen Mittelfeld? Im vergangenen Jahr, da hatten wir das Gefühl, der April habe es geschafft, er kann seine Leistung endlich stabilisieren und startet furios in den Frühling. Man jubelte ihm zu, Menschen gingen wieder auf die Straße, in Cafés und Freibäder, um ihn zu erleben. Der April galt als der deutsche Hoffnungsträger, mit dem man es sogar mit großen Nationen wie Spanien oder Italien aufnehmen könne. Doch in diesem Jahr – ein glatter Aus-

11

fall. Der April steckt in einem Tief. Vielleicht sind diese jungen Monate einfach zu satt! Vielleicht war der Druck doch zu hoch. Vielleicht hat man den April auch einfach verheizt. Tatsache ist: Mit so einer blamablen Leistung fallen wir wieder in längst überwunden geglaubte Zeiten zurück, bis auf das Niveau von England.

Man kann natürlich versuchen, den April in Einzelgesprächen wieder aufzurichten und aus dem Tief herauszuholen. Auf der anderen Seite kann der hohe Druck der Öffentlichkeit auch die Konsequenz herausfordern, dass man sich nach der Saison von dem einen oder anderen Monat trennt. Das Problem ist nur: Es gibt kaum Nachwuchs. Jedenfalls nicht in Deutschland. Einen südeuropäischen April können wir uns finanziell nicht leisten. In Dänemark oder Island könnte man einen neuen April finden, und der gesamte Ostblock würde sich vom April trennen. Man hört auch, dass der sibirische Januar unbedingt in den Westen wechseln will. Ein eiskalter Vollstrecker, heißt es.

LEBEN OHNE ...

Auswuchten

Zu den rätselhaftesten Tätigkeiten, die der Automechaniker dem Autofahrer seit Jahrzehnten erfolglos zu erklären versucht, gehört das Auswuchten. Wer nicht schon mit einem Siebzehner Schlüssel zur Welt gebracht wurde, wird den Vorgang des Auswuchtens vermutlich nie ganz durchdringen, auch wenn das Auto sich schon seit geraumer Zeit heftig gegen das Geradeausfahren wehrt und das Fahrgefühl dem beim Bullenreiten ähnelt.

»Der zieht nach links. Da müssen wir wohl mal auswuchten«, flötet der Automechaniker beiläufig, und es klingt wie die Empfehlung einer Nachtcreme, bei der man natürlich gern bedenkenlos zugreift, man tut schließlich was Gutes. »Da müssen wir wohl mal auswuchten« hat nicht den bedrohlichen Ton dieser Sätze, die mit »Tja« anfangen und Schuldgefühle wecken: »Tja, ob sich das noch lohnt?«, »Tja, wie alt ist er denn?« oder ganz einfach nur »Tja« lassen den tapferen Fahrer innerlich verkrampfen. Auswuchten dagegen tut nicht weh, und so wird seit Jahren bundesweit ausgewuchtet, ohne kritisches Hinterfragen. Denn natürlich kann man ohne Auswuchten leben, wie auch ohne Nachtcreme. Doch während Unwucht im Gesicht aus der Kraft des eigenen Gartens zu beheben ist, helfen Gurkenscheiben an der Radfelge wenig. Da diese Unwucht meist aus einer brutalen Zusammenführung des rechten Vorderreifens und hoher Bordsteinkanten resultiert, kann mit einer direkten Gegenmaßnahme auf der Fahrerseite korrigiert werden. Denn der Automatiker weiß: Unwucht + Unwucht = Wucht. Die Neigung der Reifen sollte 45 Grad nicht überschreiten. Und zur Not ist ja noch ein Exemplar im Kofferraum.

LEBEN OHNE ...
Automaten-GAU

In der Hitliste der allgemein anerkannten Peinlichkeiten führen andere. Doch angesichts der Plastikkartenflut in unseren Jackentaschen mausert sich allmählich eine Peinlichkeit in die Top Ten, die lange unentdeckt geblieben ist. der Automaten-

GAU im Bitte-nicht-rauchen-Flur eines Geldinstituts. Denn heute kann der Geldholer sich so breit machen wie er will, die Wartenden hinter ihm wissen doch genau, was läuft. Nach dem Karteneinschub, dem Eintippen der Geheimzahl, der Wahl »Auszahlung« und der Wahl des Betrages kommen noch genau zwei Schritte: Bitte Karte entnehmen und bitte Geld entnehmen. Falls bitte Geld entnehmen fehlt (wegen bitte mehr verdienen) und durch »Auszahlung nicht möglich« ersetzt wird, bitte rot anlaufen.

Aber bitte nicht verzweifeln. Denn die Situation ist durch geschickte taktische Manöver durchaus zu retten. Analysieren Sie zunächst die Situation: Sie sind pleite, und hinter Ihnen halten sich ein paar Besserverdienende den Bauch vor Lachen. Werden Sie offensiv! Vertrauen Sie Ihren Stärken! Sie wissen alle Präsidenten der USA in der umgekehrten Reihenfolge? Jetzt oder nie! Sie tanzen wie John Travolta? Tanzen Sie! Sie können im Handstand rauchen? Schade, im Flur bitte nicht rauchen. Aber entscheidend ist: Die Menschen mit dem fetten Gehalt werden Sie beneiden. So arm und doch so kreativ, werden sie denken und kläglich am Diskoschritt scheitern. Das ist peinlich! Wenn Sie jetzt noch eine kleine Rama-Dose vor sich aufstellen, müssen Sie nur noch warten. Sie wird sich füllen. Mit frischen Scheinen. Bitte Geld entnehmen!

B-Säule

Wo gibt es Hammer und Bohrer? Richtig, im Baumarkt. Wo gibt es Hummer und Bora? Richtig, auf dem Gebrauchtwagenhof nebenan. Aber wo gibt es die B-Säule? Baumarkt? Autohof? Tankstelle? Kolosseum? Und überhaupt: B-Säule, was'n das? Wären wir hier im Kalauergetto, würden wir sagen: ein minderwertiges schwäbisches Schwein. Sind wir aber nicht und kehren zurück auf den Autohof, wo die B-Säule in großen Gruppen auftritt.

Die B-Säule, auch B-Holm genannt, spielt in Autos eine tragende Rolle, und wären wir hier das Umgangssprachgetto, würden wir sagen: Sie hält die Karre zusammen. Sind wir aber nicht, wir halten stattdessen die B-Säule für eines der langweiligsten Teile am ganzen Auto. Die B-Säule sorgt zusammen mit der A-, der C- und manchmal der D-Säule dafür, dass der Fahrer das Autodach nicht mit den Händen festhalten muss. Die Säulentruppe verbindet an beiden Fahrzeugseiten das Dach mit den unten liegenden Schwellern, und wären wir hier das Ferkeleiengetto, würden wir Letztere genüsslich erklären und es schade finden, nicht auch das Kalauer- und Umgangssprachgetto zu sein.

Sind wir aber alles nicht. Die B-Säule liegt in der Fahrgastzellenmitte, trennt das Cockpit vom Fond, beherbergt die Nordspitze der Gurtbefestigung und gilt in Fahrzeugteilkreisen nicht gerade als Entertainer, sondern als korrekt und ein bisschen steif. Während A- und C-Holme gelegentlich bei Unfällen als sichtbehindernd in die Schlagzeilen geraten, ist die B-Säule in der Außendarstellung keine Stütze. Selbst bei Ausschlachtmassakern kannibalischer Hobbyschrauber bleibt oft als einziger Knochen die B-Säule liegen. Und für eine Umschulung auf A-Säule, Schweller oder Handbremse fehlt den meisten B-Säulen schlicht das Geld. Viele von ihnen leben heute zurückgezogen auf Schrottplätzen von der Stütze.

LEBEN OHNE ...
Belege

Niemand weiß genau, wie es hinter dem Mond aussieht. Aber es muss eine Menge los sein, eine Menge Landbevölkerung hat sich dort niedergelassen, Menschen, die den Fortschritt fortschreiten lassen, Menschen von gestern, Menschen, die noch nicht wissen, dass der Krieg vorbei ist und denen es ganz gut damit geht, weil der Krieg nicht bis ins Mondhinterland vorgedrungen ist. Hinterm Mond könnte es ein bisschen so aussehen wie im Auenland bei den Hobbits.

Hinterm Mond gibt es noch Tankwarte, Treets und Telefonkabel, dafür gibt es noch keine Hedge-Fonds, kein Zungenpiercing und kein passives Abseits. Und es gibt nicht Tonnen von Belegen. Es ist egal, was man macht im Leben, hier, vor dem Mond: Für alles wird auf und für jeden Fall ein Beleg gedruckt. Ein kleiner, sich leicht wellender, an einer scharfen Reißkante abgetrennter Streifen glatten Papiers, dessen Schrift noch vor dem Wegstecken bis zur Unkennntlichkeit vergilbt. Wer an einem Fahrkartenautomat der Deutschen Bahn eine Karte kauft und mit Karte zahlt, bekommt eine Karte und etwa 40 Belege dafür, dass man gerade eine Karte mit Karte gezahlt hat. Belege sind ein Protokoll des Lebens.

Was Sie vergangenes Jahr um diese Zeit gemacht haben? Schaun Sie mal ihre Belege durch. Man hebt natürlich alles auf, vorsichtshalber. Etwa drei Wochen Belege im Portemonnaie sprengen die Gesäßtasche, ein Jahr Belege sortieren kostet den Jahresurlaub.

Achtung: Eine Pizza wird zweimal belegt: erst mit einem Belag, dann mit einem Beleg. Auch leicht zu verwechseln: Zahnbeleg und Zahnbelag. Den Zahnbeleg gibt es beim Zahnkauf, den Zahnbelag später. Zahnbelag ist ein Beleg – man kann auch sagen: die Quittung – für schlampige Zahnpflege. Zahlbelag ist ein Beleg für schlampige Geldpflege. Bei uns hier. Hinterm Mond lachen die drüber.

LEBEN OHNE...

Blattläuse

Irgendwo hört die Tierliebe auf. Kampfhunde, so ähnlich sie ihren Haltern manchmal sind, kann man im Zweifel doch mögen, ein Regenwurm tut einem doch ein bisschen leid, wenn er auf einen Angelhaken gespießt wird. Und mit Spinnen hält man es wie Oliver Kahn mit seinen Gegnern: Man muss sie nicht mögen, aber respektieren, man muss sie nicht totschlagen, es reicht, sie rauszuwerfen. Bei Blattläusen jedoch hört die Freundschaft auf. Sie wollen ja eh keine Freundschaft. Und haben auch keine verdient. Blattläuse (Aphidoidea) sind eine Oberfamilie der Pflanzensauger, darunter die Röhren, Blasen-, Zwerg-, Tannengall- und Baumläuse, mit über 2500 überwiegend in den gemäßigten Zonen verbreiteteten Arten (Mitteleuropa: 850), weichhäutige, oft schwarz oder grün gefärbte Insekten mit vier wenig geaderten Flügeln oder flügellos.

Das war jetzt nicht gewusst, sondern abgeschrieben, aus einer tendenziell eher blattlausfreundlichen, 24-bändigen, in gemäßigten Zonen stark verbreiteten Publikation aus der Oberfamilie der Nachschlagewerke, dem gemeinen Brockhaus (enceclopedia).

Der Brockhaus drückt nur sehr verhalten aus, was Blattläuse den ganzen Tag so machen. Sie nerven, sie zerstören, sie schaden, sie befallen, sie richten an. Und vom Menschen aus gesehen tun sie das nicht mal im Geiste protestantischer Arbeitsethik wie die Ameisen, denen wir ja deshalb noch eine gewisse Bewunderung entgegenbringen und Zeichentrickfilme über sie drehen. Blattläuse sitzen nur rum, der einzige Regisseur, dem dazu vielleicht was einfallen würde, wäre Wim Wenders. Und wo sitzen sie rum? Auf unseren Pflanzen, die wir umständlich und mädchenhaft betüdelt und großgezogen, lieb gewonnen haben. Pflanzen, die die Nachbarn vor Neid erblassen lassen. Wenn die Läuse nicht wären.

Da hilft nur Abschneiden oder Seifenlauge. Gegen die Läuse. Und das Lachen der Nachbarn.

LEBEN OHNE ...

Brotchips

Es hätte alles so schön und einfach weitergehen können auf dem Couchtisch. Da stand das Naschwerk-Standardprogramm, Salzstangen und eine Schale Nüsse. Dazu wurde James Last à gogo gehört und gesoffen. Und spätestens wenn die Dame des Hauses gegen Mitternacht den Käseigel und die Silberzwiebeln auf den Tisch schob, waren die Herren der Runde bei den Schlüpferwitzen angelangt. Wie gesagt – alles ganz einfach.

Heute ist Alkohol schädlich, James Last cool, aber nur, wenn man ihn nicht selber hören muss, Schlüpferwitze sind peinlich, stattdessen referieren Menschen im besten Feieralter den Stand ihrer Rückenleiden und Sehschwächen und kokettieren mit ihrem leichten Übergewicht, um Widerspruch zu heischen.

Auch das Knabbersortiment ist ausgewechselt. Salzstangen gibt es nur noch gegen Kotzen und Durchfall auf Rezept in der Apotheke. Nüsse sind höchstens fettabgesaugt und mit Vitamin-C-Zusatz erhältlich. Stattdessen stehen Pistazien und Brotchips bereit. Pistazien essen ist eine Art Nägelkauen mit Geschmack oder (für Friesen) eine Art Krabbenpulen ohne Gestank. Aber die Krönung sind Brotchips. Hmmm, Brotchips. Politisch korrekter geht es kaum. Sie sind zeitgemäß, gesund, ausländerfreundlich und kapitalismuskritisch. Brotchips ist Frauenfutter. Wer cool sein will, sagt Bruschetta. Wer Bruschetta sagt, sagt auch Latte. Bruschetta sieht aus wie das, was Pferde früher gekriegt haben, weil es für Menschengebisse zu hart geworden war, nur klein geschnitten. Brotchips gibt's mit Oregano und Knoblauchgeschmack, und es gibt sie mit vorgestanzten Bohrlöchern, falls man sie unter Stuhlbeine schrauben will, um das Parkett zu schützen. Dichtungsringgeeignete Brotchips sollen auf der kommenden Industriemesse vorgestellt werden. Gut, dass der Käseigel das nicht mehr mitbekommt.

Bügeln

Früher waren die Menschen, oder die, die es mal werden wollten, froh, wenn sie überhaupt etwas auf dem Leib hatten. Meistens waren es Haare, am Anfang die eigenen, später die von Tieren. Das war schön warm, sah gar nicht so schlecht aus, und hätte ewig so weitergehen können.

Doch es kam anders. Den Menschen fielen die meisten Haare aus, sie erfanden die Textilfaser und etwas später H&M. Das Unpraktische an Textilfaser war: Sie knitterte. Das tat die Haut zwar auch, aber das Praktische an Textilfaser war: Man konnte sie bügeln. Und wenn der Mensch schon verschrumpeln musste, dann sollte wenigstens die Kleidung faltenfrei sein. Als später die Ärzte auch den Mensch entfalteten, war es zu spät. Mit dem Bügeln hatte sich eine der unsinnigsten Vorgänge unserer Zivilisation verbreitet.

Und nun leben wir damit, kaufen Geräte, die aussehen wie Raumgleiter, und bügeln, was das Zeug hält. Und das Zeug hält eine ganze Menge, vor allem hält es auf. Das Bügeln eines Hemdes auf einem schmalen Bügelbrett fordert dem Laien alles ab, bei der Bearbeitung eines ?rmels nimmt er nicht selten das Knie zur Hilfe, denn wenn sich das Rückenteil beim Abrutschen am Stativhebel des Bretts verheddert, kann es zu hässlichen Rissen kommen. Wer es bügelfrei und trotzdem glatt mag, darf dem Hemd keine Chance lassen. Spannung heißt das Zauberwort, ein einfaches Bücherregal hilft.

Nasses Hemd von Hand vordehnen und über die Regalpfosten hängen. Jetzt unten an mehreren Stellen beschweren. dazu auch Bügeleisen benutzen. Anschließend Hemd auf gesäuberter Bodenfläche ausbreiten. Komplett mit Brockhaus-Bänden bedecken und trocknen lassen. Hemd nach ein bis zwei Tagen ausgraben und in Ecke stellen. Alternativ als Lampenschirm benutzen. Hemden vorsichtshalber in regelmäßigen Abständen nachkaufen.

LEBEN OHNE ...
Bürzelkürzel

Die Natur lehrt uns. Großes und Kleines, Wichtiges und Unwichtiges. Zum Beispiel, dass Enten wie anderes Federvieh auch Bürzeldrüsen haben. Aus dieser Drüse im Heckbereich sondern sie von Zeit zu Zeit ein Sekret ab, das Bürzeldrüsensekret (BDS), das sie als Kälteschutz auf ihrem Gefieder verteilen. Menschen kennen auch so ein Sekret, aber es kommt nicht aus der Bürzeldrüse, sondern aus dem Schuhgeschäft und wird nicht auf dem Gefieder, sondern auf der Lederjacke und Schuhobermaterialen verteilt. Der Effekt ist der gleiche: Das Wasser perlt ab. Ein tolles Sekret oder top secret, wie amerikanische Bürzelforscher sagen.

Diese Woche nun ist eine Ente im hannoverschen Maschsee festgefroren. Sie konnte gerettet werden, und man weiß nicht genau, ob sie eine Bürzeldrüseninsuffizienz hat. Aber man hätte dem armen Tier in seiner verhängnisvollen Lage Bürzeldüsen statt Bürzeldrüsen gewünscht.

Eine Bürzeldrüseninsuffizienz gibt es offiziell auch gar nicht, vielleicht weil die Abkürzung BDI nicht nur vom Bundesverband der Deutschen Industrie besetzt ist, sondern auch vom Berufsverband Deutscher Internisten, von der Firma Biodiesel International und einer polnischen Bank. Und auch das andere Bürzelkürzel hat harte Konkurrenz: Mit dem Bürzeldrüsensekret ringen um die Marke BDS auch der Bundesverband der Selbstständigen, der Bundesverband Deutscher Stahlhandel, der Berufsverband deutscher Soziologen und Soziologinnen, die Baugenossenschaft Dennerstraße-Selbsthilfe, die Bünde deutscher Schiedsmänner und Schiedsfrauen/Schauwerbegestalter/Sportschützen oder das Belastungs-Dokumentations-Zentrum des Instituts für Arbeitsmedizin, Sicherheitstechnik und Ergonomie an der Bergischen Universität Wuppertal.

Was willst du da als Ente schon machen?

LEBEN OHNE ...

Daumen hoch

Es ist die Geste aller Gesten – der nach oben gerichtete Daumen bei geschlossener Resthand. Sie bedeutet: »Alles okay«, »Alles super«, »Wir sind uns einig« oder »Ich weiß keine bessere Geste«. Schon im Wilden Westen bedeutete sie »Die Luft ist rein«, also quasi super bleifrei. In der Fliegerei bedeutet die Geste: »Zieh' lieber noch mal hoch und lande mit Fahrwerk.« Im Kreißsaal heißt der hohe Daumen: »Es ist von Ihnen.«

Wirtschaftsbosse haben es besonders schwer. Sie müssen so oft die Daumen in Kameras recken, dass sich das Daumengelenk bei manchen schon versteift hat. Sie haben Schwierigkeiten beim SMS-Tippen und lassen sich ständig die Fingerabdrücke abnehmen, damit die Anomalie nicht so auffällt. Bei Fototerminen recken sie, meist entstellend grinsend, ihr bestes

Stück in die Kamera, egal, wie das Magengeschwür schmerzt. Die Damen, so ein weitverbreiteter Glaube unter deutschen Vorstandsvorsitzenden, gucken zuerst auf den Daumen, jeder, der oben mitspielen will, kennt seine Daumenlänge.

Ein gut gemeinter Alternativvorschlag mit gespreiztem Zeige- und Mittelfinger machte einen bis dahin eher blassen Schweizer Bänker schlagartig bekannt, brachte ihm aber eine Art Ludenimage ein. Also kehrte man reumütig zum gestreckten Daumen zurück.

Die Resthand ist wichtig bei dieser Geste. Ist die Resthand nicht geschlossen, sondern offen, bedeutet das nicht »alles super«, sondern »Guten Tag« oder »Da entlang«. Ist nicht nur die Resthand geschlossen, sondern auch der Daumen, bedeutet die Geste: »Ich hau dir gleich auf die Fresse.« Sind Daumen und Zeigefinger gestreckt, der Rest geschlossen, bedeutet das: »Das ist ein Überfall, ich habe meinen geladenen Zeigefinger auf Sie gerichtet.« Ist neben dem Daumen der kleine Finger gestreckt, sollten Sie mal zum Arzt gehen. Ist es der Ringfinger – zum Zirkus.

LEBEN OHNE ...

Daumen raus

Auf dem Schild stand »HH« oder »Süden« oder »Irgendwohin«. Teile des Schildes waren von einem frei nach Schnauze wachsenden Vollwollbart bedeckt. Unter dem Bart: Ein Ringel-T-Shirt. Unter dem Shirt: eine Schweißlache. Hinter dem Shirt: ein Rucksack, mannshoch, 100 Kilo schwer, Auswandererformat. So standen sie da, Anfang des Sommers, kurz vor den Beschleunigungsstreifen der Autobahnraststätten, meist mehrere, in gebührendem Abstand, zwischen ihnen kleine Häufchen eiligst ausgekippter Autoaschenbecher. Tramper. Autostopper. Anhalter. Die Mitfahrdezentralen.

Obwohl sich die Bärtigen mit den Schildern auch bei wenigen Worten den Mund fusselig redeten, waren sie keine Schwätzer. Schon das Schild ersparte unnötige Kommunikation. Sobald sie im Wagen saßen, schliefen sie ein, nur ihr gestresster Geruch blieb wach. Das war zu ertragen, zumal Riesenrucksackbartschildertramper ihre Sandalen ohnehin lieber in die Motorenölpfütze eines VW-Käfer-Fußraums stellten, als in einem Bonzen-BMW mit Fliederduftdüse mitzufahren.

Schlimmer waren die Daumentypen. Laberheinis, Besserwissenschaftler. »Ey, was für 'ne Baureihe is'n das?« Allein dieses Zeichen. Daumen raus! In Fahrtrichtung. Und den Arm dabei leicht in horizontaler Richtung schaukeln. Was ist das denn? Soll es die Richtung anzeigen? Wo, bitte schön, sollte es an der Auffahrt einer meistens mehrspurigen, aber monodirektiven Autobahn sonst langgehen als nach vorn? Außerdem ist die Daumenbewegung auch das international gültige Zeichen für »Zieh Leine« und könnte von Autofahrern missgedeutet werden.

Kein Wunder, dass es kaum noch Tramper gibt. Und wenn, stehen die da seit 1978. Hat halt keiner angehalten. Aber der nächste Wagen sieht gut aus.

Dehnungsfuge

In der guten, alten Zeit, die im Zuge allgemeiner gesamtgesell-schaftlicher Beschleunigungs- und Verblödungsprozesse momentan im Jahr 1995 anfängt, mussten Kinder noch nicht ins Kino oder ins Landesmuseum gehen, um zu wissen, was Fische oder Pinguine sind. Sie lebten im Einklang mit der Natur und deren reichhaltigen Ressourcen wie Erde, Wasser, Kaninchen oder TriTop. Und wie sich beispielsweise Holz anfühlt, wussten unsere Großeltern auch noch genau, weil sie mit diesem Wertstoff als Kind so oft verhauen worden sind. Und, hat's ihnen geschadet? Die meisten sind jedenfalls tot.

Immerhin lernten wir Kinder früher noch ein paar naturwissenschaftliche Grundeigenschaften der Welt, die uns umgab. Zum Beispiel, dass Dunkelheit ein zyklisches Phänomen ist, dass Laternenpfähle bei Minustemperaturen Schaden nehmen, wenn man sie an menschliche Zungen hält. Oder dass sich alles Mögliche ausdehnt, wenn es warm wird. Luft und Holz zum Beispiel. Und so pumpten die Wohlhabenden ihre Lederfußbälle und die Armen ihre Holzfußbälle im Sommer etwas weniger auf, um sie nicht zum Platzen zu bringen.

Heute werden aus Holz keine Fußbälle gemacht, sondern Parkett. Auch Parkett dehnt sich aus, wenn es warm wird, und weil das ebenfalls zyklisch geschieht, lässt der pfiffige Heimwerker im Wohnenrandgebiet eine Dehnungsfuge. Holz arbeitet, am liebsten in Schichten, wie wir wissen. Ohne Dehnungsfuge formt sich Parkett im Sommer zu galanten bis mittelgebirgsartigen Höhenzügen, besonders im Bereich des Couchtisches. Wer nicht abheben will, sollte gleich auf dem Teppich bleiben. Oder Mut zur Lücke zeigen. Bei großzügiger Auslegung des Parketts kann die Dehnungsfuge bis zu zwei Metern betragen. Das ist billiger. Wer im Laden für große Dehnungsfugen Aufpreise bezahlt, ist an einen windigen Verkäufer geraten.

LEBEN OHNE ...
Dunkelziffer

Wir kennen die Daten, wir kennen die Fakten. Wir kennen auch die Zahlen. Jedenfalls die offiziellen. Aber eine Zahl kennen wir nicht, und trotzdem wissen wir von ihr, dass sie immer höher ist. Die Dunkelziffer. Eine ebenso feste wie seltsame Einrichtung deutschen Verlautbarungsalltags. Immer wieder gern verwendet von Behördensprechern und genauso gern weiter getragen von Journalisten.

Dunkelziffern kommen überwiegend bei düsteren Themen zum Einsatz, sie sind eben so halbseiden wie die Gesellen, deren Menge mit ihr bestimmt werden soll. Tatsächlich steht die Dunkelziffer für die Tatsache, nichts Genaues zu wissen, aber immerhin eine Vermutung zu haben, wie wenig genau dieses Wissen ist. Oder wie viel schlauer die Kriminellen doch wieder waren. Wer im Dunkeln ziffert, tappt meistens auch darin. Aber deutet an: Die Lage ist ernster, als es unsere dürftigen Informationen zeigen.

Die Dunkelziffer ist übrigens nicht nur vage, sie ist noch nicht einmal eine Ziffer, sondern meistens eine ausgewachsene Zahl. Jedenfalls solange es sich bei der Menge des Dunkels um mehr als neun handelt. Und wer würde bei einer feststehenden Straftatenmenge von sagen wir fünf schon mit einer Dunkelziffer von acht auftrumpfen wollen? Meistens handelt es sich also bei dunklen Vermutungen um Dunkelzahlen. Oder sogar um Dunkelmultiplikatoren, so wie bei der gebräuchlichen Angabe, die Dunkelziffer sei um ein Vielfaches so hoch.

Vielleicht resultiert die Dunkelziffer auch nur aus einem polizeiinternen Sprachgebrauchsirrtum und hieß mal Dunkelzitter (Angst) oder Dunkelkiffer (afrikanischer Drogenkurier) oder Dunkelzischer (Starkbier). Das sind nur drei Möglichkeiten. Die Dunkelziffer ist wohl um ein Vielfaches höher.

LEBEN OHNE ...
Fachwissen

Makroglobulinämie, wissen wir, ist die Vermehrung von hochmolekulären Eiweißbestandteilen im Blutserum, die vor allem die Aufgaben von natürlichen Antikörpern erfüllen. Ach, wussten Sie nicht? Obwohl Sie im Besitz eines Körpers sind, in dem so etwas durchaus schon mal stattfindet? Okay, muss man auch nicht wissen. Ist ja auch Fachwissen. Fachwissen hat man nicht einfach, man trägt es vor sich her. Da wo Fachwissen auf seine wehrlosesten Opfer trifft, zum Beispiel an Kneipentresen, geht es nicht darum, es zu teilen oder zu erweitern. Erweitert werden soll höchstens der Abend, um eine Flachlegung der makrobusigen Dame, die nur mit ein paar teuren Mixgetränken dazu zu bewegen ist, sich den ganzen Abend den Globulinämiescheiß anzuhören und den Antikörper vor sich anzusehen, bevor es dann endlich zur hochmolekulären Vermehrung von Eiweißbestandteilen im Blutserum kommt.

Abseits von Kneipentresen ist Fachwissen ziemlich egal, weil man ohnehin nichts versteht. Und da, wo Fachwissen auf Fachwissen trifft, ist Fachwissen schon kein Fachwissen mehr, sondern Normalwissen, weil alle wissen, was man selber weiß. Wenn man weniger weiß als alle anderen, also Halb- oder Nichtwissen und obendrein ein schlechtes Gewissen demonstriert, hat man eben verrissen. Besser ist bei Nichtwissen gezieltes Besserwissen, was Wissen schafft, wo keines ist und vom Wissensstand wissentlich ablenken soll. Ist gefährlich. Und wenn eine gezielte Nachfrage kommt, ist man am Arsch. Und zwar makro. Da vermehren sich die Eiweißbestandteile von ganz alleine. Hoffentlich hat man dann ein bisschen Hochmolekuläres zur Hand. Und jemanden, der einem das erklären kann.

LEBEN OHNE ...
Fensterblick

Künstler haben sich immer schon vom Reisen inspirieren lassen. Früher blickten die Dichter aus dem Fenster der Kutsche, saugten die Umgebung auf und spuckten sie in Versform wieder aus. So haben wir uns jahrhundertelang von diesen Umherreisenden die Welt erklären lassen, bis wir dachten, die Erde sei ein fünfhebiger Jambus. Und hätte uns nicht der gute Kant aufgeklärt (»Das All ist rund, und ein Spiel dauert neunzig Minuten«), wir würden uns die Welt immer noch mehr schlecht als recht zusammenreimen.

Was uns aus der damaligen gemütlichen Zeit geblieben ist, sind die imposanten Eindrücke von der Wegstrecke. Die kleinen Fenster der Pferdekutsche sind riesigen getönten Scheiben im ICE gewichen, durch die man in viel kürzerer Zeit viel mehr sieht. So bescherten uns die Impressionen tief bewegter Schriftsteller so Zeitgemäßes wie den Reisebericht »Sachsen-Anhalt in zwölf Minuten«, den Liebesroman »War das schon die Schweiz, mein Herz?« oder den Krimi »Das Mitropa-Komplott«.

Manchmal hat man als Reisender das Glück, neben einem Dichter zu sitzen. Und manchmal, wenn der Zug sich gemäßigten Tempos durch unsere Städte schlängelt und der Dichter vom morbiden Charme des Urbanen links und rechts des Bahndamms zu schwärmen beginnt, sitzt man da und denkt: Wat'n Gelaber. Und bemerkt wieder mal, wie hässlich deutsche Städte von der Bahn aus gesehen sein können. Aber bevor der Herr Künstler einen noch weiter volltextet, schaut man lieber aus dem Fenster und versucht bei Tempo 200, Autokennzeichen zu lesen. Wenn man beim Vorbeifahren den Kopf mit Tempo 200 dreht, ist das Kennzeichen für einen Moment klar zu erkennen. Das sieht auf Dauer ein bisschen komisch aus. Aber es inspiriert vielleicht den Dichter.

LEBEN OHNE ...

Freien Fuß

Im Knast? Egal. Irgendwann kommen Sie wieder frei. Da gibt's ja viele Möglichkeiten. Entweder werden Sie entlassen, weil Ihr Haftvertrag abgelaufen ist. Das ist die langweiligste Variante, es kann unter Umständen ein bisschen länger dauern, Sie sollten sich zwischendurch rasieren. Und die Chance, dass das mal verfilmt wird, ist gleich null.

Man kann Sie auch wegen guter Führung entlassen. Sie können das draußen als Vertragsauflösung in beiderseitigem Einvernehmen verkaufen, bei Kriminellen ist ja das ganze Leben ein Vernehmen und Eingeben. Die Verfilmungschance richtet sich nach der Führung: Ab 3:0 könnte es für osteuropäisches Randgruppenkino reichen. Aus U-Haft kommen Sie früher raus, wenn keine Gefahr besteht, dass Sie bei offener Tür rauslaufen und das Licht ausmachen (Flucht- und Verdunklungsgefahr). Achtung: U-Haft, U-Bahn und U-Hu haben nicht den gleichen Wortstamm.

Die dritte Möglichkeit ist: Jemand stellt eine Kaution. Wobei weniger gestellt, sondern eher gelegt wird, und zwar Zaster auf den Tisch. Und wenn Sie schon käuflich sind, können Sie sich anschließend zur Resozialisierung im Berliner Café King melden. Zur Not eine Nummer ziehen, Sie werden dann reingepfiffen. Filmungsfaktor: mäßig, »Million Dollar Baby« und andere Schiedsrichterfilme laufen schon rauf und runter.

Die coolste Möglichkeit, das Gefängnis zu verlassen, ist nach wie vor der unplanmäßige, vorzeitige Auszug ohne Wärter (einseitiges Einvernehmen). Beachten Sie ein paar einfache Regeln. 1. Essen Sie nicht jeden Kuchen auf, in dem Sie Werkzeug vermuten. Präparierte Sachertorten sind der Feind jedes Ausbrechers. 2. Achten Sie bei Löffelarbeiten am Mauerwerk unbedingt darauf, dass es Außenwände sind. 3. Keine Abschiedsparty!

Und der Filmfaktor? Vollzüglich, wie man in Wärterkreisen gerne scherzt.

Freischaufeln

Ein beliebtes Ratespiel unter garagenlosen Autofahrern im Winter geht so: Unter welchen dieser Neuschnneehügelchen befindet sich mein Auto? Haben Fahrer erst einmal das richtige Hügelchen ausgemacht, beginnt der Teil des Tages, für den man den Winter eigentlich auch abschaffen könnte. Das Freischaufeln. Hier teilt sich die Autofahrerschar in zwei Gruppen. Die Sorgsamen setzen ein Siegerlächeln auf und ziehen mit sicherer Hand aus einem schon im Frühjahr eingelagerten Werkzeugsortiment genau das richtige Gerät für die entsprechende Schneemenge und -festigkeit.

Die Sorglosen haben wieder mal auf Wind gehofft und stehen nun mit kalten, aber vor allem leeren Händen vor einem Haufen Schnee. Sie verachten übrigens Garagenbesitzer als Spießer und die mit dem Werkzeug als potenzielle Garagenbesitzer, die nur deshalb keine Garage haben, damit sie beim Autofreischaufeln angeben können. Die Sorglosen halten sich dagegen für unglaublich kreativ und daher auch im Packeis für überlebensfähig. Sie improvisieren. Es bleibt ihnen auch nichts übrig. Alles, was die Scheibenwischer nicht packen – meistens ist das über 90 Prozent der Gesamtschneemenge –, wird in weiträumigen Ruderbewegungen mit möglichst flächigen Gegenständen bearbeitet, die entweder im Auto herumliegen (Warndreiecke, klappbare Einkaufskästen, Wagenheber, kleine Hunde) oder die die Natur hergibt (große Äste, Begrenzungspfähle, Verkehrsschilder, kleine Hunde). Sind die Scheiben frei, schaffen ein paar Vollbremsungen auch den Schnee von Dach und Haube. Falls gerade ein sorgsamer Nachbar nach dem richtigen Werkzeug greift, bremst der Sorglose ihm gern mal kurz den Kofferraum voll. Bald ist ja Frühling.

LEBEN OHNE ...
Frisur

Es hätte auch ganz anders kommen können. Doch der Mensch muss sich stur gestellt haben, als ihm das Fell abzufallen drohte. Nein, an einigen Stellen wollte er partout nicht auf Haare verzichten. Zum Beispiel auf dem Kopf. Warum er trotz allem später die Mütze erfand, bleibt eines der ungelösten Rätsel der Menschheit. Und dass Farbe, Länge und Anordnung seines Haupthaars später zum mitentscheidenden Faktor seines gesellschaftlichen Ansehens werden sollte, hat der Mann mit der Keule schlichtweg nicht bedacht. Heute geben seine Nachfahren Millionen aus, um sich die natürliche Kopfdeko in die gewünschte Form und Farbe, die so genannte Frisur bringen zu lassen. Dass die Frisur als solche sich gesellschaftlich etabliert hat, darf anhand folgender Beispiele als glatte Sensation gewertet werden:

Manche Menschen lassen sich freiwillig wie Playmobil-Figuren frisieren und berufen sich dabei auf Prinz Eisenherz, einen Mattenwalter vor dem Herrn, der sich eines Tages den Schweiß von der Stirn wischen wollte und nicht merkte, dass er versehentlich noch sein Schwert in der Hand hielt. Dieser gerade Schnitt sah unmöglich aus, aber der Prinz konnte im Gefecht endlich wieder sehen. Andere wünschen »Mittelscheitel«, nicht wissend, dass diese Frisur der Idee eines ostwestfälischen

Bäckers entsprang, der die Haare seiner Fachverkäuferinnen im Teig leid war und anordnete, aus Werbegründen das Haar nach dem Ebenbild eines »normalen« Brötchens zu formen. Ja, lang ist's her. Schließlich Minipli, der halbherzige Versuch des blassen Mitteleuropäers, die Haardichte des Afroamerikaners zu imitieren. Immerhin ist aus diesen Bemühungen der Akupads-Stahlschwamm hervorgegangen. Die Frisur war hingegen optisch ein Fiasko und passte zudem nicht in jeden Topf. Trauen Sie keinem Friseur. Lassen Sie wachsen.

LEBEN OHNE ...
Gaumenschrauben

Wer schlecht frisierte Zahnärzte als langhaarige Plombenleger verspottet, ist doch selber schuld. So was spricht sich schnell herum in Dentistenkreisen, man kennt Zahnmediziner als sensible Zeitgenossen mit gutem Gedächtnis. Und irgendwann tut unten rechts was weh, und dann sitzt man da im Wartezimmer und schaut auf das eigene Fahndungsfoto. Es würde ja schon reichen, wenn der Zahnarzt einen da einfach sitzen lassen würde. Aber er kann noch ganz anders. Kennen Sie Dübel? Dazu später.

Zahnärzte zu beleidigen kann fatale Folgen haben. Folgen, gegen die die legendäre Zahnarztszene aus dem Film »Marathon-Mann« (Originaltitel: »Tod eines Behandlungsreisenden«) eine warme Munddusche ist. Wer bei peniblen Abrechnern gleich von Ziehungsbeamten spricht, wer Zahnärzten unterstellt, von der Hand in den Mund zu leben, wer Zahnarzthelferinnen als Füllungsgehilfinnen hänselt oder gar als Bohrdamen und ihnen den praxisweiten Desinfektionsgeruch als Odol de Toilette zuschreibt, wer Gebisse als lachende Dritte abqualifiziert, wer sich also in dieser Weise dentispektierlich äußert, der wird noch staunen – selbstverständlich mit offenem Mund. Dafür sorgen allein schon die Gaumenschrauben, die jeder ordentliche Zahnarzt für Sonderbehandlungen in der Schublade hat. Dass die erste Gaumenschraube kein Spaß war, kann man sich denken. Durch den Einsatz von Kunststoff konnte die Gaumenschraube später wesentlich verkleinert werden und kommt unter dem Namen Dübel mittlerweile auch im Handwerk, im Heimwerk, im Werkbau, Hausbau, Handbau, Ausbau, bei Bauhaus, im Werkheim und beim Baumhausbau zum Tragen. Oder bei Obi.

Aber die Wurzeln liegen beim Zahnarzt. Sowieso.

LEBEN OHNE ...

Ger

Sind Menschen, die Kreuzworträtsel raten, anders als andere? Kreuzworträtselrater sind Kurzentschlossene. Niemand sagt: »Schatz, heute Abend werde ich Kreuzworträtsel raten!«, sondern »Hast mal 'n Stift?«. Kreuzworträtselrater bezeichnen sich selbst als Kreuzworträtsellöser, weil sie nie aufhören würden, ohne das gesuchte Wort zu finden. Dazu bedarf es vor allem eines verzichtbaren Halbwissens im Bereich bis drei Buchstaben. Damit kann man alle Kästchen ausfüllen, kommt im richtigen Leben aber auch nicht weiter. Zum Beispiel mit der Kenntnis über »Ern«, den fränkischen Hausflur. Heißt ein kleiner fränkischer Hausflur Ernie? Warum geben Franken ihren Hausfluren überhaupt Namen? Und sagen die Franken »Errrrn?« Man weiß es nicht, aber man hat mit »Ern«, senkrecht, auch den zweiten Buchstaben des germanischen Wurfspießes, »Ger«, waagerecht. Wo ist uns Ger seither begegnet? Nirgends, der Seppherber-Ger ist was anderes, und »Gern« ist kein frankogermanischer Wurfflur. Wenn der germanische Wurfspieß »Ger« heißt, warum heißt die griechische Göttin nicht »Gri«, sondern »Ate«? Nicht zu verwechseln mit »Ase«, der germanischen Gottheit. Was ist eine Gottheit? Gibt es auch eine Papstheit? Und ist »Hase« auch eine germanische Gottheit, Ortsgruppe Hannover? Aber »Ase« hilft einem weiter in die kurzatmige Kategorie der Zweibuchstaber, es könnte den Anfangsbuchstaben liefern für »Ai«, das Faultier. Das – oder der? – »Ai« kommt wahrscheinlich nicht in freier Wildbahn vor, sondern nur im Kreuzworträtsel. Und da sich Faultiere für unsereins ohnehin gleichen wie ein Ai dem anderen, müssen wir da auch nicht weiter ins Detail gehen. Da vertiefen wir uns doch lieber in die Welt der pers. Fürwörter oder der dt. Vorsilben.

Und was ist jetzt »Gri«? Wahrscheinlich ein Märchenerzähler, Abk., der sich mittlerweile anderweitig verdingt.

LEBEN OHNE ...
H. Gordon Rice

Jede nichttriviale Eigenschaft der rekursiv aufzählbaren Mengen ist nicht entscheidbar. Der Satz stammt von H. Gordon Rice, und vielleicht weiß er ja auch, was dieser Satz bedeutet. Ist aber auch egal, vor allem für Menschen, die H. Gordon Rice nicht kennen. Und das dürfte die Mehrheit sein. Wichtig an diesem Satz ist für den, der ihn sagt, dass er ihn sagt. Und anschließend ergänzt, dass der Satz von H. Gordon Rice ist. Das passt immer. Und schafft so viel Unklarheit auf einen Schlag, dass man gar nicht weiß, wo man mit dem Nachfragen anfangen soll. Wer ist Rice? Warum heißt er H. mit Vornamen? Was ist eine rekursiv aufzählbare Menge? Fast unanständig, solche Fragen zu stellen. Stattdessen sagt man »Ah …« oder »Tja« oder »In der Tat« und hofft, mit Herrn Rice und seinem Geschwätz nie wieder belästigt zu werden.

Andere Fragen bleiben. Ist es gesund, jemanden zu kennen, der anderen Menschen Sätze von H. Gordon Rice aufnötigt? Der mit Wortgeschwurbel von unbekannten Mathematikern ein Klima virtueller Intellektualität herzustellen sucht, oder anders gesagt: einen ganz breiten Strahl pullert? Und das vor Menschen, die sich nicht wehren können, die nach solchen Sätzen auch nicht wissen, wann sie sterben, aber immerhin, dass sie es dumm tun werden. H. Gordon Rice hat mit Hilfe solcher Sätze vermutlich reihenweise Frauen flach gelegt. Kerzenlicht, lecker Essen, drei Glas Wein, dann einen Spruch raushauen (»Oh, H., das hast du schön gesagt!«) und ab ins Koordinatensystem. Und unsereins zitiert an passender Stelle voller Anmut einen schönen Goethe und kommt damit nicht mal bis zum Essen.

Ganz schön rekursiv. Aber letztendlich nicht entscheidbar.

Hallenski

Sport ist ja eigentlich was für draußen. Ist ja klar. Sport ist ganz alt, älter als Sporthallen, und die ganz frühen Behausungen ließen Sport, vor allem technische Disziplinen, nicht zu, schon gar nicht nach Anbruch der Dunkelheit. Erst mit Höhlenhöndböll und Höhlenhöckey kam die Zeit der Indoorertüchtiger und Zimmertemperaturner. Aber damals war noch nicht zu ahnen, dass es so weit kommen würde. Da gab es schon ein paar Sportarten, die als unüberdachbar galten. Aber das war zu Zeiten, als Blasorchester in Halbzeitpausen und Autogrammstunden mit Uwe Seeler noch als Speerspitzen der Eventkultur galten. Dann kam die Spaßgesellschaft, echte Abwechslung und drei Superhits am Stück. Dann kamen Strandvolleyball, Wohnzimmergolf und Unterwasserskat. Dann wurden mit dem angeschnallten Brückenhüpfen auch die Suizidfreunde ein- und angebunden. Schließlich wollte man alles unter einem Dach. Und als wir uns schon an Hallenstabhochsprung und regensicheren Großfeldfußball gewöhnt hatten, kam es noch dicker. Hallenski. Seit Schnee nicht mehr schneien muss, sogar wetterunabhängig. Über 17 Sekunden Skifahren am Stück freut sich der passionierte Idiotenhügler, doch in der Lüneburger Heide spricht man von Snowdome und Gomorrha. Zum Indoorskifahren braucht man nichts. Man kann alles leihen. Schnee, Schier, Schnaps, Schtiefel, Jacke wie Hose. Man muss auch nicht Ski fahren können, man muss noch nicht mal wollen. Ski fahren in der Halle lernen ist wie Skisprungtraining auf der Rolltreppe.

Und die nächsten Eventattacken kommen bestimmt. Hallenmarathon (knapp 211 Runden im Kreis laufen), Hallenrudern und Hallenfallschirmspringen kommen bestimmt. Und die Rallye Paris–Dakar soll bei schlechtem Wetter in eine geräumige Tiefgarage an die Champs-Élysées verlegt werden.

LEBEN OHNE ...
Happy End

Fangen wir doch einfach mal hinten an: Früher haben die Leute viel häufiger geweint, wenn sie aus dem Kino kamen. Nicht nur, weil die Enden so traurig waren, sondern weil sie die Enden noch nicht kannten – und weil die Menschen früher einfach mehr geweint haben. Wenn die nahen Verwandten wieder ins entfernte Rheinland fuhren, wenn Vater bei Anbruch der Dunkelheit von der Feldarbeit heimkehrte und Opa abends vor dem knackenden Holzofen im Kreise der zwölfköpfigen Familie vom Iwan erzählte, während der strenge Winter wunderschöne Eisblumen an die zugigen Fenster malte und ... – na, jedenfalls war das alles kein Wunder: Winter kälter, Dunkelheit dunkler, Iwan schrecklicher, Filmenden trauriger.

Kino kostete irgendwas um die zehn Pfennig, so wie den Erzählungen zufolge alles, was mit abendfüllendem Amüsement zusammenhing, irgendwas um die zehn Pfennig gekostet haben muss damals – und nicht umgerechnet sechzehn Mark. Glaubt man den Älteren, haben sogar gebrauchte Kleinwagen nur knapp über zehn Pfennig gekostet. Stimmte vielleicht gar nicht, aber früher konnte man den Kindern ja noch jeden Scheiß erzählen.

Heute sind Kinder schneller, als Opa zu Ende erzählt hat, im Internet und googeln, ob das denn wohl stimmt. Nichts ist mehr geheim, Filmenden schon gar nicht, ja, nicht mal Buchenden. Das ist das wirklich Traurige. Wer geglaubt hat, Harry Potter unbehelligt bis zum Ende lesen zu können, glaubt auch an nicht verratene Fußballergebnisse bis zur Sportschau. Wer vom Ende des Kinofilms »Der Untergang« überrascht war, dem hat Opa ziemlichen Scheiß erzählt. Und wer keinen Scheiß, sondern einen schönen Schluss will, geht bei »Penny« einkaufen. Dort heißt das Klopapier »Happy End«.

Husse

Man weiß ja, was drunter ist. Vor allem deshalb besitzt der Mensch die Höflichkeit, angezogene Leute nicht dauernd zu bitten, sich auszuziehen. Bei angezogenen Stühlen ist es so ähnlich. Stuhlkleider heißen Hussen, meistens sind es lange, festliche Abendkleider, die bis auf den Boden reichen. Hussen hebt man nicht hoch, weil – im Gegensatz zum Menschen – meistens etwas Abgenutztes drunter ist. Junge Stühle brauchen – ganz wie beim Menschen – keine Kleider, sondern zeigen freizügig Bein und Sitzfläche.

Bis es auch an ihnen nicht mehr spurlos vorbeigeht, wenn ständig jemand auf ihnen herumhockt. Betagtere Stühle werden durch Hussen auf elegante Art vor Einsamkeit und Abstellkammer und dem bitteren Ende auf dem Sperrmüll bewahrt. Während Schonbezüge als reine Söldner in der Textilbranche beschäftigt werden, genießen Hussen auch in kreativen Kreisen ein gewisses Ansehen.

Dass es überhaupt so weit kam, haben wir den Franzosen zu verdanken, die die Hussen beim großen Husslandfeldzug aus der dunklen Knechtschaft als Pferdedecken befreiten und ihnen ihre Würde zurückgaben. Hussen arbeiteten sich von Pflegepersonal über Möbelschutztätigkeiten (Chairguards) bis in die Modeszene vor, wo sie nach wie vor als preiswerte Alternative zu teuren kosmetischen Eingriffen ein gutes Auskommen und glänzende Perspektiven haben. Denn als Modepüppchen werden Hussen nicht enden, das verbietet ihnen ihre harte Vergangenheit. Hussen werden immer auch Fachkräfte bleiben, besonders in Haushalten mit nicht stubenreinen Haustieren oder unvermittelt kotzenden Kindern.

Und trotzdem haftet ihnen ein Makel an. Hussen tun nur so, als ob, sie sind ein Versprechen, aber eigentlich sind sie ein Verbrechen. Eine Schutzhölle, eine Stuhluniform, die die demographische Katastrophe der Möbelnation Deutschland zu kaschieren versucht anstatt junge Sitzgruppen zu fördern. Sechs, setzen!

LEBEN OHNE ...

Jackentaschen

Als der Erfinder eines Tages entdeckte, dass es draußen doch verdammt kalt sein kann, und daraufhin die Jacke erfand, hatte er nicht mit der Faulheit der Menschen gerechnet. Gutgläubig stattete er seine wärmende Idee mit allerlei praktischem Zubehör aus wie Ärmel oder Kapuze. Und er erfand die Jackentasche, zu Transport- und Aufbewahrungszwecken. Doch schon bald musste er mit ansehen, wie seine Erfindung auf das Übelste missbraucht wurde. Die Menschen transportierten in den Jackentaschen ihre eigenen Hände oder bewahrten sie darin auf. Daraufhin erfand der Erfinder zwar noch die Innentasche, aber das Kind war längst in den Brunnen gefallen. Die Leute versenkten die Arme tief in den praktischen Taschen und kultivierten auf diese Weise das Warten. Und warteten und warteten, bis sie einen Schaden hatten. Und sie nannten diesen Schaden nicht Wartungsschaden, sondern Haltungsschaden. Na warte, dachte der Erfinder ungehalten, lass mal Sommer werden. Und es wurde Sommer, und die Menschen nahmen die Hände endlich aus den Taschen und rissen sich ihre Jacken vom Leib, weil ihnen warm war. Und da standen sie nun und fragten sich: Wohin mit den Armen? Doch statt sich um die Armen zu kümmern, gingen sie baden und standen hilflos in einer Badehose, in die echt keine Hände mehr reinpassten. Oder sie spielten Fußball. Ohne Jacke. Und weil ihre Hosen keine Taschen hatten, erfanden sie die Freistoßmauer und hielten ihre Hände vor die Hose. Und wer das für dummes Zeug und seine Hände woanders hin hielt, brauchte hinterher einen Arzt. Oder gleich den Zeugwart.

Darauf hatte der Erfinder gewartet. Zufrieden transportierte er seine Hände nach Hause. In den Taschen. Seinen Taschen.

Jaywalking

Da steht man nun. Mitten in der Nacht, es regnet, weit und breit kein Auto zu sehen, aber die Fußgängerampel zeigt Rot. Wenn man geht, vergeht man sich. An der Straßenverkehrsordnung und am moralischen Anspruch eines verantwortungsbewussten, gesetzestreuen, vorbildhaften Menschen. Wenn man nicht geht und an dieser einsamen Ampel in dieser gottverdammt verlassenen Gegend zu dieser unchristlichen Zeit bei diesem Sauwetter auf Grün wartet, ist man wahrscheinlich ein Deutscher. Die Engländer machen sich darüber lustig. Die Engländer gehen, und sie nennen das Jaywalking. Wörtlich übersetzt heißt das »Trottel-Gehen«, frei übersetzt: unachtsam die Straße überqueren. Engländer sind da anspruchslos, und wenn sie beim Jaywalken überfahren werden, nehmen sie das auf ihre Kappe.

Jaywalker haben es eiliger als andere. Wer jaywalkt, schlägt auch seinen Computerbildschirm, wenn der Rechner mal drei Sekunden hakt, und stöhnt auffällig laut herum, wenn die Supermarktschlange stockt. Aus Rechtfertigungsgründen schauen Jaywalker beim Jaywalken immer auf ihr linkes Handgelenk, auch wenn sie dort keine Uhr tragen. Wenn Jaywalker im Auto sitzen, regen sie sich über Jaywalker auf. Alte Damen, die mit einem Gehfrei vierspurige Hauptstraßen überqueren, sind auch Jaywalker, obwohl sie diese Bezeichnung ablehnen, falls sie noch Gelegenheit dazu haben.

Aber Jaywalken ist verboten und gefährlich, das tut man nicht. Besonders wenn Kinder dabei sind. Vorbildfunktion und so. Andererseits: Was haben Kinder mitten in der Nacht an dieser einsamen Ampel zu suchen? Bis man diese Fragen mit der hoffentlich anwesenden erziehungsverantwortlichen Begleitperson diskutiert hat, ist auch Grün. Und wahrscheinlich früher Morgen.

Kaffeefilter

Die ganz Schlauen trinken Löslichen, dieses schöne Wort mit ö. Einfach in die Tasse kippen, heißes Wasser obendrauf, umrühren, ansetzen, Gaumen verbrennen, fertig. Noch fertiger sind die mit diesem Caro-Kaffee. Allein der Name »Kaffeeersatzextrakt« macht Appetit, er schmeckt halt nach Volker Lechtenbrink und ein bisschen wie hinterm Mähdrescher aufgesammelt.

Die Doofen trinken nach wie vor die Krönung, Mövenpick, Önkö öder Filterkaffeesorten ohne ö. Aber vor dem Trunk steht der Kampf. Mit patentverschlossenen Vakuumtüten, die das Pulver bei gezieltem Öffnen schön durch den ganzen Raum verteilen. Mit gehäuften Löffeln oder Plastikportionierern (es ist übrigens kein Problem, die Portionierer von Kaffee und Waschmittel zu vertauschen, ein Verwechseln der Pulver ergibt dagegen in beiden Fällen sehr interessante Ergebnisse).

Die Genießer kochen nicht, sie brühen, sie gießen auf, weil das so gut riecht, und manchmal, wenn keiner zuschaut, ziehen sie die ganze Tasse wie im Rausch durch die Nase hoch.

Richtig lustig wird es, wenn keine Filtertüten da sind und der Kaffejunkie zu improvisieren beginnt, Zewa-Tücher oder Klopapier in die Filterhalterung würgt und sich fragt, ob das nicht sowieso billiger ist. Und einfacher, von wegen 1x4 und so. Bis er dann das Ergebnis trinkt, mit ein bisschen Fussel und ansonsten sehr viel Unlöslichem und einem Hauch von Marlboro Country in der Tasse. Interessant auch hier der umgekehrte Fall, wenn mal das Klopapier alle ist.

Man sollte vielleicht doch immer ein bisschen Volker Lechtenbrink im Haus haben.

LEBEN OHNE ...
Kastanien

Es wird jetzt Herbst, und das hat auch eine sehr melancholische Note. Dichter, Maler und Musiker fühlen sich von den Farben und dem sich verändernden Licht inspiriert, ja, es riecht auch ganz anders. Und es wird wieder kälter. Menschen kuscheln sich in Schals und lange Mäntel, genießen die letzten warmen Strahlen der Herbstsonne, warten, bis es dunkel wird, legen eine schöne Death-Metal-Platte auf und springen aus dem Fenster. Die Blumen vergammeln auf dem Balkon. Man rutscht bei Schmuddelwetter auf einer nassen Blätterdecke aus, kann sich gerade noch abfangen und latscht mit den frisch geputzten Schuhen in eine große Pfütze, die durch die Höhe des Wasserpegels verbirgt, dass sich dort vor dem Regen ein Hund erleichtert hat. Ach, dieser Herbst! Eine facettenreiche Jahreszeit.

Und dann löst sich am nächsten Baum eine Kastanie. Mit perfektem Timing. Klock! Beule. Kastanien sind das Öko-Lego für Kinder, die ohne Not in bilingualen Kindergärten aufgezogen werden. In Kastanien bohren verbohrte Eltern Löcher, stecken Streichhölzer hinein und deklamieren es vor ihren ahnungs- und wehrlosen Kindern bilingual als domestiziertes Tier. Bilinguale Kinder verteilen Kastanien aber viel lieber auf dem Fußboden und warten, bis jemand drauftritt. Weil das die viel geilere Action ist als Wasserkopfköter mit Streichholzbeinen. Weil Kastanien pädagogisch nicht wertvoll sind, sondern lediglich schlechte Elterngewissen beruhigen, weil Kastanien und handgeschnitztes Holzspielzeug der antiimperialistische Schutzwall gegen den Gameboy sind. Und wenn einem Kastanien auf den Kopf fallen, dann sollte man diesen Öko-Eltern die Dinger bilingual in den – ach, die Kastanien! Auch so eine wunderbare Note des Herbstes!

Und Leuten, die ihren Garten vor lauter Blattwerk nicht wiederfinden, sollte man mal zeigen, was 'ne Harke ist.

LEBEN OHNE ...
Klettverschluss

Es ist müßig, darüber zu streiten, wie die Welt ohne Reißverschluss geworden wäre. Er ist nun eben da, und er ist gut. Aus der Sachfamilie der Reißgegenstände liegt er in der weltweiten Verbreitung deutlich vor der Reißzwecke, der Reißleine, der Reißwäsche und dem Reißschnaps. Er hat das Hosen- und Jackenwesen maßgeblich beeinflusst, birgt je nach Öffnungsgeschwindigkeit und Tageszeit eine erotische Facette und wird trotz seiner komplexen Technik auch von Laien wie selbstverständlich bedient. Er wurde bei Materialien aus dem erweiterten Textilienbereich wie Würstchen und Schallplattenhüllen eingesetzt und stand kurz davor, auch die Operationsnarbe abzulösen. Doch der neugierige Mensch hätte wahrscheinlich zu viel in sich herumgespielt, und sowieso kam alles ganz anders.

Der neugierige Mensch war mal wieder nicht zufrieden. Er hatte aber auch keine neue Idee, sondern guckte bei der Natur ab. So entstand der Klettverschluss, und jetzt haben wir den Salat. Der Klettverschluss ist brutal, ein Krach- und Schließverfahren, ein Auswuchs, vor dem der Knopf immer gewarnt hat. Das Geräusch des Öffnens ist nicht erotisch, sondern wie Pflasterabreißen von behaarten Körpern. Bei Geräuschen wie diesen haben sich Menschen früher in böser Vorahnung ans Gesäß gefasst. Ein Geräusch, das in keiner Buchstabenfolge zu beschreiben ist. Und der neugierige Mensch ist fasziniert und verschließt alles nur noch mit Klett, inklusive seiner Kinder. Er träumt von riesigen Klettenreaktionen und reißerischen Schlussakten, mit denen er ganz praktisch Züge verbinden, Kriminelle wegsperren und Reichstage einpacken kann. Da kann man sich nur an den Knopf fassen. Verschluss damit! Und nicht erst auf die senile Klettflucht warten.

LEBEN OHNE ...

Klimawandel

Was musste passieren, damit wir merken, dass man Geld nicht essen kann? Richtig, der letzte Baum gerodet, der letzte Fluss vergiftet und der letzte Fisch gegessen sein. Hat uns vor Jahren schon der alte kanadische Indianer gewarnt, wir haben den

Spruch auf unsere stinkenden Autos geklebt und fühlten uns der Natur sehr, sehr nah.

Das ist schon ein bisschen her, der alte Indianer hat natürlich immer noch irgendwie recht, er hat gewusst, dass unser Wirtsplanet es seinen Schmarotzern heimzahlen würde und damit das natürliche Payback-Verfahren prophezeit. Aber die Prioritäten haben sich verschoben. Bäume, Flüsse und Fische gibt es immer noch, aber kaum noch Geld, weil alle mit Karte zahlen.

Und heute würde er vermutlich moderner formulieren. Denn die jungen Leute erreicht der alte Indianer nicht mehr. Die jungen Leute machen sich lustig. Sie sagen: Erst wenn die letzte Ölplattform versenkt und die letzte Tankstelle geschlossen ist, werdet ihr merken, dass man bei Greenpeace nachts kein Bier kaufen kann. Das ist die Realität.

Und genau da müssen wir umdenken. Die Botschaft lautet: Erst wenn die letzte Polkappe geschmolzen, der letzte Schnee gefallen und der letzte Wasserspiegel gestiegen ist, werdet ihr merken, dass man auf Ölfeldern nicht kicken kann. Aber das ist nicht die passende Formulierung. Eher so: Erst wenn der letzte Chill gecancelt, das letzte Cash geflowt und die letzte Flat geratet ist, werd isch checken, Mann, dass ein fetter Auspuff voll die Seuche ist. Oder noch kürzer: Hi, Erde :-(hdgdl, b.

Da erscheint das Thema Klimaschutz plötzlich wieder auf der Tanzfläche. Der alte Indianer wird im Grabe rotieren, Aber wenigstens im Rhythmus. Respekt!

Klingeltöne

Es gab mal Telefone, die machten ein Geräusch, das man in der Literatur irgendwann mit so einfachen und passenden Worten wie »ring« oder »klingeling« umschrieben hat. Dann kam die nächste Generation Fernsprecher, und die Literatur zog mit den Umschreibungen »düdelüt« oder »lüdelüdelüdel« noch halbwegs authentisch nach. Am Heute muss sie jedoch kläglich scheitern. Das Heute spielt sich nicht mehr hinter verschlossenen Wohnungstüren ab, sondern in aller Öffentlichkeit. Zum Beispiel in Straßenbahnen. Junge Menschen in Sackhosen sitzen mit gesenktem Kopf, zusammengesunken, wie schlafend da. Nur der Daumen bewegt sich. Was macht der Daumen? Er kommuniziert. Mit anderen Daumen, die vielleicht zum Nebenmann gehören. SMS. Der Daumen schreibt: Voll krass. Und weil Buchstaben tippen voll anstrengend ist für Daumen, lässt er Buchstaben weg: Vll krss. Vrstsdu? Natürlich versteht er. Ergebnis: Sackhose sprechen wie Daumen. Vll schlcht. Gut, dass zwischendurch mal einer anruft. Es ertönt »Die kleine Nachtmusik«. Von Mzrt. Was sagen die Kumpels? Ttl schß! Ey hier: »Moment of Glory«. Scrpns. Oder hier: Daa da da daa daa daa dadada. Fett, Mann, was ist das? Nationalhymne? Kenn' ich nicht, schon gechartet? DJ Haydn und MC Fallersleben, cool.

Das kann dauern. Klingeltöne gibt es Tausende, und wenn man bedenkt, dass es nur darum geht, wie sich ein Telefon bemerkbar macht: vll krss! Vibrationsalarm wäre die Alternative, ein Ausstattungsmerkmal, für das Menschen früher mit hochgeschlagenem Kragen in Sexshops geschlichen sind und viel Geld bezahlt haben. Leider hat Vibration, und sei sie noch so stark, in den unendlichen Weiten einer Sackhose keine Chance. Schade. Für die Literatur wäre es ein Glücksfall gewesen: »brrrrr«.

LEBEN OHNE ...
Knöllchen

Wir wissen nicht, wie Politessen sind. Wir wollen es auch nicht wissen. Wir hassen sie, ohne sie zu kennen. Wenn wir sie nicht hassen, dann haben wir Mitleid. Wir finden ihre Uniform hässlich, wir finden ihre Tätigkeit schikanierend. Wir finden sogar das Wort Politesse blöd, so blöd wie Moulinette oder Frikadelle. Und warum das alles? Weil sie uns erwischen, enttarnen, blamieren, bloßstellen. Als Falschparker, Zuwenigeinwerfer, Zuspätnachzahler, Geizhälse, Betrüger, Straftäter, Rechtsbrecher, Verfassungsfeinde – stop!

Politessen tun auch nur ihren Job, und eine gut durchdachte Knöllchenvermeidungsstrategie würde uns Zeit geben, unser Politessenbild gründlich zu überdenken. Wichtig ist, dass die Parkuhr läuft, wenn die Politesse naht. Vorher nicht. Wer also Geld sparen will, muss nichts einwerfen, sollte aber während der Parkzeit mit passendem Kleingeld neben der Uhr stehen bleiben, um dann schnell reagieren zu können, wenn sie um die Ecke biegt. Der Vorteil: Man findet sich – hähähä – hinterher unheimlich raffiniert und der Politesse haushoch überlegen. Nachteil: Man kommt zu nix. Natürlich kann man für diesen Job auch jemanden engagieren, was die Bewegungsfreiheit erheblich erhöht, aber wiederum die Barschaft erheblich senkt.

Der alte Bauerntrick, schriftliche Ausreden wie »Bin kurz beim Friseur, Trockenschnitt«, beim Verlassen des Wagens hinter die Windschutzscheibe zu pappen, wirkt nur, wenn man nicht hinterher mit einer Mordsdauerwelle wiederkommt und von der Politesse gestellt wird. Peinlich! Und dann auch noch so 'ne Frisur.

LEBEN OHNE ...
Knuspermantel

Wolfsbarsch im Salzmantel. Hirschbraten im Pfeffermantel. Kalbsfilet im Spinat-Blätterteig-Mantel. Und, Achtung: Hähnchen im Knuspermantel. Was sagen wir da? Hmmmmmh!

Ja, auch in den Küchen der neuen Eventkochnation Deutschland wird es Winter. Und statt Datteln im Speck-Top, Poularde im T-Shirt oder Spaghetti im Träger gibt's nun eben alles im Mantel. Pimp my Klops! Aber hmmmmh hin oder hmmmmh her – wollen Sie wirklich etwas essen, was im Mantel ist? Mantel klingt zwar nach Wärme, die man manchem Gericht beizeiten wünschen würde. Aber Mantel klingt eben auch nach Stoff, nach Fasern und Fusseln. Ummantelte Speisen nähren nicht nur den Esser, sondern auch den Verdacht, dass es Gründe für die Verhüllung gibt. Und in der Tat: Oft ist der Speckmantel nur ein Deckmantel, unter dem sich fleischliche Abgründe auftun.

Wir kennen das von vorgewürzten Grillspezialitäten in den unteren Kühlregalen der Lebensmitteldiscounter. Da hat man ein unschuldiges Nackensteak brutal in Paprikapampe oder

Senfsauce gewälzt und anschließend in eine Plastikfolie gepresst und verkauft diesen Gewaltakt nun als Vorleistung, als Service. Beim Essen stellt sich meistens heraus, warum das arme Steak verpackt wurde. Man wollte seine körperlichen Defizite verbergen und hat es deshalb so unmöglich angezogen. Die Folge: Viele dieser Steaks bleiben im Regal liegen, werden noch mehr verunsichert und traumatisiert und trauen sich später kaum noch ins Schwimmbad oder in die Sauna.

Mit Vorwürze und Panade gibt sich die Oberschicht natürlich nicht ab. Auf den teuren Präsentiertellern dieser Welt gefällt sich die makellose Filetgesellschaft in edler, handgefertigter Hülle. Und trotzdem: Wer nichts zu verbergen hat, braucht keinen Mantel. Schon gar keinen Knuspermantel. Wir raten: Ausziehen, ausziehen.

LEBEN OHNE ...

Körperfett

Im Lauf eines Lebens entdeckt der Mensch ja so manches an sich. Das meiste schon relativ früh, und was das gerade Entdeckte dann zu bedeuten hat, erklären einem dann die Eltern. Das eine sehr ausführlich (»Ja, mein Kind, das ist dein Bauchnabel«), das andere eher knapp (»Frag Mama«). Manches an sich erfährt der Mensch allerdings sehr spät, und dann erklärt es einem die Angebetete (»Du hast Mundgeruch«) oder die Friseurin (»Sie haben Schuppen«).

Manches an sich erklärt einem noch später die angebetete Friseurin (»Die sind nicht echt«). Doch nachdem die Grünen

Anfang der Achtziger den Biorhythmus erfunden haben, gibt es modische Körperlichkeiten. Die alternativen Mediziner haben uns gelehrt, dass auch Tic-Tac heilt, wenn man bereit dazu ist, die medizinernden Alternativen haben uns gezeigt, dass ein gesundes Leben nur aus Sex und Schneidersitz bestehen kann. Und dann kam die Industrie und eröffnete dem Menschen, dass Körperfett messbar ist. Digital! Ein Hammer! Das Körperfett maß der Mensch bis dahin, indem er sich in die Hüftgegend griff und »Fette Sau« in den Spiegel murmelte.

Und nun stellt er sich auf eine Waage, die genau so aussieht wie eine handelsübliche Personenwaage. So bekommt das Wiegen einen spielerisch-sportlichen Charakter. Es gibt eine zweite Chance, der Körperfettanteil ist sozusagen das Mittwochslotto der Übergewichtigen. Wenn das Gesamtgewicht auch viel zu hoch ist, kann es immer noch sein, dass der Körperfettanteil absolut im Rahmen liegt. Das ist zwar unwahrscheinlich, aber das ist ja auch beim Mittwochslotto so. Den Körperfettanteil kann man in Ordnung bringen, indem man Größe, Alter und Geschlecht virtuell variiert: Ein 18-Jähriger mit einem Körperfettanteil von 24 Prozent hat laut Körperfetttabelle eigentlich keine Existenzberechtigung mehr. Wenn er sich der Waage als 70-jährige Frau ausgibt, ist der Wert völlig okay. Und sich vor dem Spiegel beschimpfen können Sie ja immer noch.

Kühles Blondes

An dieser Stelle haben wir immer wieder vor Frauen gewarnt, die »Tschüssing« sagen, und Männern, die mit »Herzlichen Glühstrumpf« zum Geburtstag gratulieren, »Schönheit« rufen, wenn jemand niest, oder »Schankedön«, wenn jemand »Schönheit« gerufen hat. Ja, es sind die, die in der Kneipe statt Bier eine »Hopfenkaltschale« ordern oder ein »kühles Blondes«, dazu einen »Bommi«, und bei einer Rechnung von 10,50 Euro einen Zehner auf den Tisch legen, »Stimmt so« sagen, dabei eine Augenbraue hochziehen und davon ausgehen, dass die Kellnerin diesen Witz zum ersten Mal hört und auf Männer steht, die Humor haben. Das Phänomen des Vorlachens (vom Privatfernsehen später zum Vorklatschen ausgebaut) hat hier seine Wurzeln. Wer zuerst lacht, hat den Witz gemacht, wer zuletzt lacht, lacht am besten gar nicht mehr. Sonst wird der Witz erklärt und die Pointe herausgearbeitet – natürlich in Superzeitlupe.

Solche Typen brüllen in Kantinen »Mahlzeit« durch den gesamten Raum, tragen T-Shirts mit ihrem Bild oder ihrer Telefonnummer und imitieren je nach Alter die Ruhrpottprollkabarettisten Atze Schröder, Tom Gerhardt oder Jürgen von Manger, ohne dass jemand danach gefragt hätte. Sie lassen in Straßenbahnen ihre Mobiltelefone so laut und lange klingeln, bis jeder die lustige Piepsmelodie als »Don't worry, be happy« entschlüsselt hat, und melden sich dann mit »Wasserentsorgungsamt« oder mit »Wer stört?«. Sie können den gesamten Text des Partykrachers »Ich hab' drei Haare auf der Brust, ich bin ein Bär« und machen ohne Vorwarnung Gebrauch davon.

Sicher, ohne diese Menschen hätte es in Deutschland keine Häschenwitzwelle gegeben. Doch die Behauptung, diese wiederum hätte Ostermärsche und Friedensbewegung in ihrer späteren Form erst möglich gemacht, ist nie bestätigt worden. Deshalb: Seien Sie gewarnt. Und lachen Sie nie zuletzt. Schankedön.

LEBEN OHNE ...
Langweiligen Toast

Mal ehrlich: Wann haben Sie sich das letzte Mal so richtig mit Ihrem Toastbrot beschäftigt? Wann haben Sie es das letzte Mal so richtig angesehen? Sehen Sie. Und als Sie auf Ihren Toast gesehen haben, was haben Sie da gesehen? Nichts. Jedenfalls nichts Besonderes. Das letzte Besondere auf Ihrem Toastbrot war grün, weiß und schwarz und ein sicheres Zeichen dafür, dass der Toast wegen anhaltender Nichtbeachtung beleidigt war. Schimmel ist die Waffe des einsamen Brots. Toast gilt als das Leichtgewicht unter den Teigwaren, wird zum Beispiel von Mehrkornbrot überhaupt nicht ernst genommen, in Schwarzbrotkreisen kursiert gar der böse Begriff vom »schwachen Toast«. Versuche, sich ein neues Image als Kachel oder Bodenfliese (Toastpflaster) zu erarbeiten, scheiterten kläglich. Der Toast verwahrloste zusehends, wurde erst angetrunken (mehr Korn) und schließlich total besoffen (voll Korn) in Supermärkten angetroffen und fristete als armer Ritter ein toastloses Dasein.

Doch nun kommt Rettung, und es ist vielleicht die schönste der vielen schönen Geschichten, die der Fußball schreibt. Und auch diese Geschichte hat etwas mit Schwarz-Weiß-Grün zu tun. Es sind die Vereinsfarben von Hannover 96, dessen Team man deshalb auch die »Roten« nennt. Hannover 96 führt den Toast aus der Bedeutungslosigkeit wieder in die Bundesliga der Deko-Lebensmittel. Der Toaster von Hannover 96 toastet das Vereinslogo in jede Scheibe, farbneutral, weil man mit Schwarz-Weiß-Grün vermutlich Irritationen hervorgerufen hätte. Man kann aus 96-Toast schöne Mobiles machen, man kann sich eine Fahne basteln und damit zu den »Broten« gehen, wie die Profis künftig genannt werden. Man kann ihn sogar essen. Einem solchen Verein kann man eines jedenfalls nicht vorwerfen: brotlose Kunst.

LEBEN OHNE ...

Latte

Nix da. Nix Index (oder – wissen Sie noch? – nach alter Rechtschreibung: Nichts Indechs). Nix Hochsprung (Nichts Hoxprung). Alles jugendfrei. So viel zur Überschrift. Trotzdem herzlich willkommen in diesem Text (Techst). Latte ist Milch. Milch ist Schaum. Schaum ist die halbe Miete im Kaffee. Kaffee ist nicht schwarz, Kaffee ist Latte. Doch es geht noch weiter. Kaffee Latte Macchiato, die Meisterlatte, noch mehr Milch, noch mehr Schaum, noch mehr Möglichkeiten, beim Aussprechen so elegant zu klingen wie Jan Ullrich bei »Schangseliseh«. Und der Kaffee? Interessiert nicht die Bohne.

Latte Macchiato ist für Männer erfunden worden, die ihre sauteuren Sonnenbrillen in die lächerliche Langhaarfrisur (Matte Lachiato) eingearbeitet haben und Flip-Flops tragen,

diese allein laufenden Schuhsohlen, die den Zehenzwischen-
raum ins Rampenlicht rücken wie seit dem Fußpilz nicht mehr.
Latte Macchiato ist die Caipirinha für vormittags, die Tunte unter den Heißgetränken, das Früh-Schichtgesöff für Spätaufste-
her. Latte Macchiato trinkt man bei Luigi oder Salvatore, die
haben die Rezeptur mit der Muttermilch (Latte Mama) aufge-
sogen und führen ihren Familienbetrieb um die Ecke natürlich,
isse originale Lebensgefühl, und weiter kommt man mit den
Badelatschen auch gar nicht.

Wer zu Hause Latte Macchiato machen will, braucht einen
Kaffeecappucchinoespressotiramisuautomaten für eine Latte
Euros (ohne Flip-Flops) und viel Zeit. Wer keinen Luigi um
die Ecke hat, flipflopt am besten ins nächste Szenelokal. Dort,
wo man glaubt, dass Canneloni ein einsames Kännchen Kaffee ist.

LEBEN OHNE ...
Lecken

Haben Sie früher auch an allem geleckt? Nein, nicht als
Kleinkind an Verwandten oder als Großkind an vereisten La-
ternenmasten. An einer Eistüte? Was auch immer an einer Eis-
waffel tütenartig gewesen sein mag: Man leckte nicht daran,
sondern schleckte. Schlecken bedeutet Verzehr, eine Art Lecken mit Halbpension. Regelmäßiges Lecken lernte man als
Teilnehmer an institutionalisierter (ein Hammerwort, es beherbergt die kongolesischen Nationalnachspeisen tituti und nali-
si!) schriftlicher Kommunikation kennen: als Briefeschreiber.

Während das Lecken beim behördlichen oder anderweitig seriellen Briefeschreiben in den Siebzigern zu den bundesweiten Postabteilungsprotestbewegungen »Meine Zunge gehört mir« (Süden) und »Zunge, komm bald wieder« (Norden) führte und durch die Erfindung von Klebe- und Stempelmaschinen sowie Nachtspeichelöfen mittlerweile erledigt ist, leckte der Privatschreiber noch lange selbst. Die Rückseite einer Briefmarke schmeckte nach Tapetenfachhandel, egal, wie teuer sie war. Schlimm waren Sondermarken. Vorn tolle Kunst, hinten eine Sonderportion Abrieb. Wem das nicht reichte, schlitzte sich an der scharfen Briefumschlagkante die Zunge auf. Aber egal, man war ja 'n Kerl. Feuchte Kissenschwämmchen in grünen Gummitöpfchen? Hasch mich, ich bin der Frühling.

Zum Schluss ein Gruß in die Großraumdisko. Da wird Tequila so getrunken: Mit einer Zitronenscheibe die Beuge zwischen Daumen und Zeigefinger befeuchten, Salz draufstreuen, Salz ablecken, Tequila hinterherkippen, Zitronenscheibe essen. Super, was? Tipp zum Karneval: Statt Salz Cayennepfeffer und statt Daumenbeuge Achselhöhle. Da entfällt vermutlich sogar das Befeuchten. Helau!

LEBEN OHNE ...

Locher

Ein Locher gehört auf den Schreibtisch. Nirgends sonst hin. Wer einen Locher kauft, will lochen. Eigentlich will er löchern, Papier in den meisten Fällen, aber die Löcher, die ein Locher macht, müssen mal Loche geheißen haben, sonst hieße er

Löcherer. Der Locher steht in privaten Haushalten meistens in einem raffinierten Arrangement mit einer haushaltsüblichen und grundsätzlich funktionsfreien Tesafilm-Abreißbox und einem sogenannten Klammeraffen, dem einzigen Bürogerät, das ausschließlich einen Kosenamen hat. Locher können nix außer lochen, Menschen, die mit Lochern Flaschen aufmachen können, haben meistens nicht verstanden, wozu der klobige Bieröffner eigentlich dient. Der technische Standard eines Lochers ist beschränkt, die Mechanik auf dem Entwicklungsstand vor der Dampfmaschine, jedem Ingenieur wäre es peinlich, für die Revolutionierung der Lochertechnik ausgezeichnet zu werden.

Obwohl es nötig wäre. Denn bis auf den Monsterlocher aus dem Großraumbüro, mit dessen grandioser Hebelkraft sich auch ein zähes Schweineschnitzel problemlos lochen lässt, bergen die üblichen Modelle gleich mehrere Fehlerquellen. Das Papier wird entweder schief, zu hoch oder zu niedrig eingeschoben. Für den berühmten Knick in der Mitte braucht man gewöhnlich so viele Versuche, dass das Schriftstück nachher aussieht wie ein resozialisierter Papierflieger. Bei mehr als drei Blättern gleichzeitig sind die Stanzen vielleicht noch rein-, aber nie wieder rauszubekommen. Und wer unbeobachtet abheftet, drückt das Papier gleich ungelocht über den Bügel. Passt schon. Ist die Zeit des Lochens also vorbei? I wo! Ho mir ma 'ne Flasche Bier …

Lockenwickler

Wenn Erfinder was erfinden, holen sie sich ihre Anregungen häufig aus der Natur. Der Lockenwickler lehnt sich in Form und Idee an den Rollmops an. Lockenwickler, werden die Jüngeren jetzt fragen, was ist denn das? Und, ja, es stimmt: Würde der asymmetrische Jugendliche von heute einen Friseurladen vor 30 Jahren betreten, er würde sich in einer Folterkammer wähnen, in der ältere Damen sich reihenweise unter monströsen Dunstglocken das Gehirn waschen lassen, ohne aus der »Tina« aufzublicken.

Auch der Lockenwickler ist ein Produkt aus dem Gruselkabinett der frühen Beauty-Industrie. Der Lockenwickler war der erste brutale Eingriff des Menschen in seine eigene Natur. Hat Gott etwa Dauerwelle getragen? Also! Man hätte es dabei belassen können. Aber nein, der Mensch wollte ein Lockenhaupt, und er machte sich eins. Nach dem Vorbild sardischer Mopsfischer, die schon vor Jahrhunderten die flachen Stachelmöpse aufrollten und mit kleinen Spießen im Haar befestigten, entstand der Lockenwickler und trat einen beispielhaften Siegeszug bei Frauen und Hardrocksängern an. Es gab ihn in den Varianten blassrot, blassgelb und blassgrün und setzte sich souverän gegen das konkurrierende Klammermodell durch, das sich dann allerdings im Segment Wäschehalterung festsetzte.

Mit dem Lückenwickler (Lockenwickler für dünnes Haar), dem Glockenwickler (für Brusthaare) und dem Lochentwickler (für zu dichtes Haar) gab es sogar Sondermodelle, die aber schnell vom Markt verschwanden. Der schleichende Tod des Lockenwicklers begann, als Elektrogeräte aus dem Küchen- und Erotikbereich zu Wickelstäben umgebaut wurden. Geübte streichen sich auch Bügel- oder Waffeleisen durchs glatte Haar und erzielen gute Ergebnisse bei Außen- und Innenwelle und – wie Thomas Gottschalk – Mittelwelle. Das war das Ende der Unplugged-Welle.

LEBEN OHNE ...
Lottopech

Nun gut, es ist nicht einfach. Aber wenn es einfach wäre, in einer Lotterie zu gewinnen, dann würde das Lotteriewesen ganz schnell verlottern, und das hätte weit reichende Folgen. Alle Menschen hätten viel zu viel Geld oder viel zu viele Plüschtiere oder beides. Aber Gott sei Dank gewinnt man ja fast nie.

Aber obwohl das die meisten Menschen begriffen haben, tragen sie ihr Geld fleißig zur Annahmestelle und leiden bei der Ziehung der Lottozahlen mehr als bei der Ziehung der Weisheitszähne. Und sie malen sich jede Woche wieder aus, was wäre, wenn. Erst mal Urlaub, klar, und vielleicht ein neues Auto, aber sonst alles so wie bisher, Gewinn bringend anlegen, und sich nur nicht von der Kohle versauen lassen, weil Geld ja sowieso nicht glücklich macht und viel Geld schon gar nicht. Da atmet man doch geradezu auf, wenn's mal wieder nur drei Richtige sind, und geht von den fünf Mark achtzig Gewinn glücklich Pommes-Mayo essen. Es ist vielleicht auch ganz gut so, dass Leute mit derlei Gewinnangst nicht wissen, wie gut ihre Chancen tatsächlich stehen. Es soll beispielsweise wahrscheinlicher sein, sechs Richtige zu haben, als dass sich ein Spiel beim Skat auf exakt die gleiche Weise wiederholt. Sagen jedenfalls Skatspieler, die den Reiz ihres Hobbys erklären wollen, wenn sie abends besoffen nach Hause kommen. Ist nur eine Statistik, aber Lottospielern mit Gewinnangst sind Statistiker schon deshalb suspekt, weil sie immer nur von Wahrscheinlichkeiten, nie aber von eher beruhigenden Unwahrscheinlichkeiten sprechen. Anders gesagt: Man kann auf drei oder vielleicht vier Richtige spielen, wie man will, irgendwann erwischt es einen vielleicht doch. Und dann sitzt man da mit dem ganzen Geld. Und spürt schon, wie es einen langsam zu versauen beginnt.

LEBEN OHNE ...
Männer-Peeling

Haben wir Kerle früher gelacht, wenn sich Frauen Gurken ins Gesicht gelegt haben, um ihren offensichtlich nicht hinnehmbaren Gesamteindruck nach oben zu korrigieren. Man hatte Mitleid, selbst mit der Gurke. Das hatte auch die Schönheitsindustrie, und sie erfand die künstliche Gurkenmaske aus der Tube, die in Studenten-WGs immer noch gern als Brotaufstrich genommen wird. Aber auch das: reine Frauensache. Dann kam – nein, kürzen wir es ab: Dann kam David Beckham, das sechste Spice Girl, und plötzlich hatten die Männer nichts mehr zu lachen und zu frühstücken, sondern schmierten sich selbst sehr seltsame Sachen an die unmöglichsten Stellen. Heute verkaufen Wellness-Fachbetriebe wie H&M oder Ikea in ihren Abteilungen für erweiterten Badbedarf Peeling-Produkte für ihn oder unisex für beide.

Peeling ist für das männliche Verständnis eine Art flüssiges Schmirgelpapier, mit dem man Flächen für die Lackierung oder den wetterfesten Anstrich vorbehandeln kann. Bisher setzten Männer ausschließlich auf das natürliche Peeling nach einem nicht vorbehandelten Sonnenbad bei 35 Grad am Strand. Nun können sie gesteinigte Seife für »Body« oder »Face« kaufen, »for men« oder auch »for ugly men« und »refreshing«, wenn das nicht schon das Shower Gel besorgt hat. Und wenn man sich das Zeug aus den Poren gespült hat, sieht man ungefähr so aus wie David Beckham. Nicht jede körperliche Oberflächenbehandlung hat den Peeling-Status erreicht, das Zahn-, Bart- und Nasenhaarpeeling stehen aber auf der Warteliste.

Dass sich die Peel-Kultur in weiten Teilen Norddeutschlands noch nicht durchsetzen konnte, hat vor allem damit zu tun, dass »Pielen« dort »Sabbern« bedeutet. Die Schönheitsindustrie hofft, gerade in diesen Hochburgen des traditionellen Landeierpeelings »Grüne Tante« mit dem deutschen Peelfilm »Der panierte Mann« Abhilfe zu schaffen. Wir sind so gespannt wie unsere Haut.

LEBEN OHNE ...

Maultrommel

In jeder gesellschaftlichen Hierarchie gibt es große Stars und kleine Lichter. Auch bei Musikinstrumenten. Hier der Flügel und die Geige, da die Triangel und das Kazoo. Manche Instrumente sind auch ganz weit hinten, weil sie ihre Spieler entstellen, weil es einfach krank aussieht, wenn man sie bedient. Wie die Tuba: Klingt schon nach Tubus, Tuberkel, Tuberkulose, ihre Spieler sehen immer ein bisschen nach Bluthochdruck aus oder nach zehn Bier. Zu den schwer vermittelbaren Instrumenten gehört auch die Melodica. Es gibt zwei Arten: Die mit dem Mundstück ist modifiziert worden und kommt fast nur noch als elektronisches Promillemessgerät zum Einsatz, die mit dem Mundschlauch wird in hinteren Orchesterreihen gern als Inhalierhilfe genutzt.

Und noch weiter hinten kommt die Maultrommel. Die Maultrommel, entstanden aus dem misslungenen Versuch, einen Flaschenöffner mit einer Zahnklammer zu kreuzen, wird in Österreich als Brummeisen und in der Schweiz als Truempi bezeichnet, im Dreiländereck fasst man sie als Brummtruemmel zusammen. Die Brummtruemmel gehört instrumentenkundlich nicht zu Unrecht in die Gruppe der Idiophone. Und wie jeder Idiophonist weiß, muss das Spielen erlernt werden. Eine Gruppe Maultrommler sieht auf den ersten Blick aus wie eine Selbsthilfegruppe der Zahnfleischentzündeten, doch tatsächlich versucht man, mit Mundraum und Handfläche eine Resonanzeinheit zu bilden, so dass der Ton bei Geübten noch in fast einem Meter Entfernung zu hören ist. Die Maultrommel im Heavy Metal zu etablieren gelang trotz hartnäckiger Versuche nicht, allerdings ist der Maultrommelsound seit der Titelmelodie der »Sesamstraße« unsterblich.

Wenn Maultrommler sich begegnen, hauen sie sich traditionell freundschaftlich auf die Fresse. Wir wollen es beim alten Maultrommlergruß »Gaumen hoch« belassen.

Meeresfrüchte

Auf dem Teller liegen Tiere. Oder Teile davon. Tot. Das macht man sich gar nicht klar. Denn der Pizzabäcker, der das Ganze auf bestrichenem Teig serviert, verharmlost die Situation. Er nennt das Gericht »Frutti di mare«. Meeresfrüchte. Früchte. Darüber würde sich die Frucht Tintenfisch ebenso wundern wie die Frucht Krabbe oder die Frucht Krebs. Und für den Thunfisch ist es nach dem zwischenzeitlichen Verlust des Buchstabens »h« im Rechtschreibreformwirrwarr ein weiterer Tiefschlag.

Nicht einmal das Beispiel Seegurke, obwohl der Name es vermuten lässt, fruchtet. Und es ist irgendwie nett vom Italiener, dass er die Seegurke (oder Holothurie, wie sie von Freunden genannt wird) nicht auf die Pizza legt. Denn die Seegurke (flüchtige Bekannte dürfen auch Meergurke sagen) wird gemeinhin als wurst- oder wurmförmig beschrieben und besteht im Wesentlichen aus ihrem teilweise ausgestülpten Darm. Da springt jeder Geschmacksnerv schon von ganz allein auf »Tilt«.

Natürlich kann man auch bei der Seegurke (Spötter sagen Seewalze) durch kosmetisches Kochen einiges zurechtrücken, und der Südostasiate tut das auch. Aber er verabreicht es oft als Aphrodisiakum, als Antörner also. Und da ist Bedürftigen oft jedes Mittel recht. Doch auch, wenn die Seegurke (Holothuriidea, protzt der Lateiner) bei der Schöpfung eine ziemliche Arschkarte gezogen hat, muss man auch ihr Gattungswürde zugestehen. Die Würde, ein Stachelhäuter sein zu dürfen und nicht mit Senf- und Gewürzgurken und dem ganzen anderen Pflanzengedöns in einen Topf geworfen zu werden.

Und nicht auf der Meeresfrüchte-Pizza zu landen. Davon haben schließlich alle was.

Melatonin

Früher Vogel fängt den Wurm. Früher Fänger wurmt den Vogel. Gut, und bevor Sie jetzt anfangen, noch weitere total lustige Wortspiele zu ferkeln, kommen wir auf den Kern zurück.
Früher Vogel fängt nicht nur den Wurm, früher Vogel ersetzt
auch den Wecker. Früher Vogel nervt den Schläfer, und früher Vogel kennt keine Gnade. In Tateinheit mit einsetzendem
Berufsverkehr, einer schicken Baustelle vor der Tür und
Helligkeit um vier Uhr morgens kann man also des Sommers
von Schlafvoraussetzungen sprechen, die man früher in Er-
mittlerkreisen benutzt hat, um Verbrecher zum Reden zu
bringen. Ergebnis: Wir sind wach, aber müde. Da hilft nur eins.
Alle Türen und Fenster zu, ordentlich isolieren und verkle-
ben, Ohrenschützer auf, Luft anhalten und am Morgen bei
28 Grad wieder gut erholt ausatmen. Könnte man jedenfalls
annehmen.

Das alles nützt aber nichts, wenn es nicht dunkel ist. Denn
allen bisherigen Annahmen zum Trotz wird es nicht dunkel,
weil die Menschen schlafen gehen, sondern umgekehrt. Und
das liegt am Melatonin, Ihnen wahrscheinlich geläufiger unter
$C_{13}H_{16}N_2O_2$.

Das Melatonin ist ein nachtaktives Hormon und wohnt pos-
talisch im kleinen menschlichen Ortsteil Hirn-Zirbeldrüse. Es
hilft beim Schlafen, aber nur, wenn es dunkel ist. Wenn es hell
ist, schläft es selbst. Nun wäre der Mensch dem ebenso bere-
chenbaren wie unaufhaltsamen Wechsel von Tag und Nacht
hilflos ausgeliefert, wenn er nicht Vorhang, Jalousie, Rollo und
Bretterverhau erfunden hätte. So aber konnte er den Tag zur
Nacht machen, was auch selbst entwickelnde und mit Melato-

nin abgefüllte Fotografen aus Kellerlöchern und Nachtschichten befreite.

Das Melatonin zählt im Hormonteam übrigens zur Gruppe der Radikalfänger und wird von Sicherheitsbehörden in einem Modellversuch bei Demos und Fußballfankrawallen eingesetzt. Vor allem nachts.

LEBEN OHNE ...
Mildes Urteil

Warum nicht endlich mal die Wahrheit sagen? Warum immer diese Milde, wenn man erstmals Wohnungen von Freunden besichtigt? Warum immer Sätze wie »Hauptsache, die Küche ist funktional« statt »Unsere Abstellkammer ist größer«. Warum Heucheleien wie »Aber im Sommer ist die Wohnung bestimmt schön kühl« statt »Ach, das ist gar nicht die Garage!?«. Jeder langt doch mal daneben, manchmal sind es hässliche Schuhe, und manchmal ist es eben eine hässliche, verbaute, fußkalte, zu laute, zu teure Wohnung.

Kann eben mal passieren. Aber wenn man schon von der Bude nichts erwarten kann, dann wenigstens ein ehrliches Urteil von echten Freunden. Fühlen Sie sich also frei, und verwechseln Sie nicht die knallharte Analyse mit niederträchtiger Schadenfreude. Echte Freunde legen Wert auf eine fundierte Einschätzung. Kritisieren Sie offen fensterlose Zimmer, stellen Sie den ästhetischen Wert einer an der Innenwand des Schlafzimmers installierten Satellitenschüssel in Frage, rechnen Sie vor, warum Dachschrägen und Schrankwände natürliche Fein-

de sind, zählen Sie die Nachteile von Waschmaschinenan-
schlüssen im Wohnzimmer auf. Verschweigen Sie auch nicht
den Langhaarigen, dem Sie geholfen haben, die Gitarren und
Verstärker in die Nachbarwohnung zu schleppen – in eine sehr
schöne Nachbarwohnung, die außerdem ziemlich billig war, wie
der Langhaarige erzählt hat.

Vielleicht sollten Sie Ihren Kumpel mal einladen – so als ech-
ter Freund. Außerdem: Seine Schuhe sehen richtig gut aus.

LEBEN OHNE ...
Moskitonetz

Man höre und staune. Man höre dieses rasend machende Geräusch einer zu allem bereiten Mücke im Anflug, und man staune über die eigene Fähigkeit, in kürzester Zeit eine Unmenge
von ehrlichem, authentischem Hass zu entwickeln.

Das Ganze spielt im Bett und im Dunkeln, und wären die
Biester nicht so klein, würde man ihnen einfach in die Fresse
hauen. Das ist allerdings nicht jedermanns Sache. Intellektuel-
le beispielsweise behelfen sich, indem sie Mücken einfach für
dumm erklären. Das macht zwar nicht unbestechlich, denn
dumm sticht gut, wie ein altes Stichwort besagt. Aber es macht
erhaben über die niederen Instinkte, wenn man am nächsten
Morgen völlig verkratert und aufgekratzt vor dem Spiegel steht.

Andere sind noch schlauer und kaufen sich ein Moskitonetz.
Moskitonetze sind im Sommer oft knapp, aber wir können ja
auch anders. Das Entscheidende an einem Moskitonetz ist seine Beschaffenheit. Die Kategorie Netz deutet schon an, dass es

sich nicht um eine geschlossene Fläche handelt. Natürlich kann man in einem gelben Sack schlafen gehen. Man sieht am nächsten Morgen vielleicht etwas blass aus, aber wird dann wenigstens beulenfrei beerdigt.

Bei sehr großen Mücken kann auch ein Tornetz helfen. Falls man es mit normal großen Angreifern zu tun hat, sollte man die abwehrstarken Netzknoten über Körperteilen positionieren, die einem besonders wichtig sind. Wer ein geregeltes Eheleben führt, kann sich während der Nacht auch mit seinem Partner bedecken, man müsste dann von Zeit zu Zeit die Positionen tauschen, eine Stechuhr hilft beim Ausrechnen der besonders gefährlichen Zeiträume.

Wer Ameisen im Haus hat, schmiert sich wie gewohnt vor dem Schlafengehen mit Honig ein und zieht damit auch die Mücken in die Falle. Achtung, Stärke der Honigschicht immer einen bis zwei Zentimeter dicker als die Stachellänge der Insekten wählen. Und nicht naschen. Schlafen Sie gut.

LEBEN OHNE ...
Mülltrennung

Die Deutschen sind ein Volk von Sortierern. Nirgends erlebt man Deutsche so ausgeglichen und sortiert wie im Angesicht von organisiertem Abfall, zum Beispiel auf Recyclinghöfen. Wenn Papi sich bei der Arbeit eine Grippe genommen hat, um mal wieder den Keller auszuweiden, weiß Mutti schon: Heute dürfen die Kinder lange fernsehen, denn der Papi ist gut drauf. Und wenn er dann später nicht zu müde ist ...

Papi fährt dann nicht einfach auf den Hof, er hält Einzug mit seinem Mondeo, in dem außer Müll nur noch er Platz hat. Majestätisch wirkt dieses Schritttempo, aber doch bestimmt. Hier hat er alles im Griff. Sein zweites Wohnzimmer. Es soll keiner der freundlichen Orange-Jackenträger mit dem sonnigen Akzent wagen, Papi einzuweisen. Der kennt hier jeden Container. Der weiß, wo was reinkommt und wo was nicht, was kostenpflichtig ist und wo man alte Toaster hinstellt.

Und wer es nicht weiß? Kein Problem! Wenn Papi seinen perfekt gepackten, nach Wertstoffgruppen vorsortierten, in Planquadrate aufgeteilten, in Entnahmerichtung zurechtgestapelten, in Einzelfällen entstaubten Müll unter den staunenden Blicken unerfahrener Gelegenheitsentsorger aus dem Mondeo rümpelt, wenn er sich also schweren Herzens von seinem Müll trennt, hat Papi immer auch noch ein Auge für seinen Nebenmann. Er hilft auch da, wo es nicht nötig ist – und er begründet Entscheidungen. Manchmal missioniert er auch, dann redet er nicht von Recycling, sondern von Reinkarnation, von Kreislauf und von Wiedergeburt als Lärmschutzwand.

Und die Blonde letzte Woche, der er den Grünschnitt zersägt hat – wow! Wenn Papi seine 20 Jahre Ehe wegwirft, dann hier.

Aber in welchen Container?

Nachtfrost

»Wird kalt!« Sagt der gnadenlose Smalltalker, wenn ihm in der zugigen Halböffentlichkeit einer Bushaltestelle langweilig wird und er beginnt, anderen Wartenden Gespräche aufzudrängen. Wird kalt, ja. Hoffentlich reicht das als Antwort, hoffentlich ist das Gespräch beendet, hoffentlich kommt der Bus bald.

Weder noch noch.

»Besonders nachts!« Ja, besonders nachts, vielleicht solltest du diese Beobachtung sofort einem Meteorologen vortragen. In Gedanken duzt man Nervensägen immer, weil man sie innerlich verachtet.

»Für diese Jahreszeit ...« – Halt! Lass mich raten: zu kalt! – »... viel zu kalt.« Na, siehste. Und damit es auch wirklich jeder kapiert, zieht er die Schultern zusammen und deutet mit sibirischem Survivalschlottern an, dass uns dieser Mörderoktober alle angeht.

»Gefroren hat es. Ich hab schon gekratzt!« Ja, am Bus, oder was? Nein, du bist so einer, der sein Auto im Winter stehen lässt, aber trotzdem morgens vor dem Frühstück die Scheiben freikratzt, weil man ja nie wissen kann. Du hast auch keinen Eiskratzer, sondern so eine Kratzkeule, die aussieht wie ein Nassrasierer für Elefanten, mit besonders großer Hebelwirkung, über die du gerne morgens dozierst, wenn andere mit minderwertigem Material kratzen. Ja, so einer bist du!

»Wird wohl ein strenger Winter.« Natürlich, wenn uns der Frost schon mitten im Herbst die Gliedmaßen absterben lässt, dann werden wir Weihnachten wohl im ewigen Eis konserviert sein, etwas steif, aber schön frisch. Und wenn es bereits im April für die Jahreszeit viel zu warm ist, tauen wir wieder auf und wechseln die Wäsche. Und dann warten wir. Auf den Oktober. Und den Frost. Und den Bus.

Naturschauspiele

Seit jeher fasziniert es die Menschen, in den Himmel zu starren. Es gibt dort anscheinend viel zu sehen, besonders wenn man eine Frau im Arm hat. Es braucht aber weder Sonnenfinsternis noch Polarleuchten. Das Entscheidende ist die Illusion der Exklusivität. Eine totale Sonnenfinsternis wird schon durch die Ahnung uninteressant, dass sie sehr viele Menschen sehen können, manche sogar besser. Außerdem kann man es doch keinem Außerirdischen erklären, dass wir Erdbewohner für zwei Minuten Dunkelheit bis nach Stuttgart fahren.

Glücklicherweise hat der Himmel neben diesen hysteriefördernden Sonderangeboten ständig Bestände am Lager, die bei geschickter Umschreibung so aussehen, als leuchteten sie »nur für uns, Schatz«. Zum Beispiel den Großen Wagen. Der Große Wagen, das Sternbild für Blöde, ist eine Anordnung aus sieben Sternen, die angeblich aussieht wie ein Handwagen mit Deichsel. Dabei hat er nicht mal Räder. Aber das Gebilde »Die große verbogene Fliegenklatsche« zu nennen, hat sich offenbar keiner getraut. Trotzdem: Der Satz »Guck mal, der Große Wagen!« bleibt ein Sommernachts-Klassiker. Bei guter Sternenauswahl entstehen mit ein wenig Phantasie auch andere Bilder. »Der kleine Dackel« oder »Die so genannte Himmelsgeige« klingen authentisch. Und bevor sie dumm dasteht, sagt sie irgendwann lieber »O ja, jetzt seh' ich's auch« und dass das ja wirklich aussieht wie eine Geige. Also: Das spontan gewählte Sternbild ist bei näherem Hinsehen die bessere Variante. Und wem das nicht hilft, der muss eben nach Angola fahren. Oder bis 2084 warten.

LEBEN OHNE ...
Neutrales Briefpapier

Man macht das nur einmal. Und es kostet Nerven. Ein offizielles Schreiben an eine Behörde, sagen wir das Ordnungsamt, muss ganz schnell rausgeschickt werden, weil sonst die Einspruchsfrist abläuft und Mahngebühren, Vollzugsbeamte oder Dunkelhaft drohen. Briefmarken und Umschläge sind da, allein es fehlt an neutralem, nüchternem, sachlichem, von nichts ablenkendem, keine Emotionen schürendem – Briefpapier.

Man schreibt also in der Not seinen Einspruch auf einen Briefbogen, den man vor Jahren von einer räumlich wie geschmacklich entrückten Verwandten geschenkt bekommen hat, ein Stück recyceltes Papier, das sich von oben nach unten mühsam durch die gesamte Palette Pastellfarben quält und unten in einer handgezeichneten Komposition aus wehendem Schilf, abgemagerten Möwen und der untergehenden, pastellroten Sonne mündet. Zwischen Möwe und Sonne steht nicht der Satz »Ich liebe dich, mein Engel«, sondern »Mit freundlichen Grüßen« und »P. S.: Anlagen lt. Aufstellung«. Wenn das Ordnungsamt das Mahnverfahren nicht einstellt, sondern in ein Strafverfahren wegen Erregung öffentlichen Ärgernisses umwandelt, muss man sich nicht wundern.

Aber wo liegt das Problem? Man hat so viel Papier im Haus, das die Normen erfüllt. Toilettenpapier – neutral, nüchtern, zweckgebunden, auch für lange Briefe geeignet. Ähnliches gilt für Papiertaschentücher (ohne Duftstoffe) und für Küchenrollen. Zeitungsränder sind mit Schere, Uhu und ein bisschen Geschick im Nu zu einem Briefbogen in Wunschgröße zusammengebastelt. Trennpapier zwischen abgepackten Käsescheiben ist wunderbar glatt und nach ein- bis zweitägigem Lüften auch geruchsneutral.

Einspruch geht übrigens auch per E-Mail.

LEBEN OHNE ...

Nordic Walking

Der Zweck heiligt die Mittel. Wenn der Zweck die Gesundheit ist, kann man auch so mittel aussehen, wenn man um den See rennt. Oder vielmehr walkt. Also geht. Walking, also Gehing, ist gesund, und wenn man Walker fragt, gesünder als alles andere. Und am allergesündesten ist Nordic Walking, also nordisch Gehing, und jedem, der es nicht selbst macht, ist sicherlich schon ein Walker begegnet. Nordic Walker sehen aus wie gepfändete Wintersportler, die trotzdem nicht aufgeben.

Wobei das natürlich täuscht. Es gibt schon Walkingkleidung, die sich von Laufkleidung nicht sehr unterscheidet, weil Gehing ja eigentlich auch Laufing ist und auf der gleichen Wurzel menschlichen Handelns fußt: der Fortbewegung. Bei Walkern sieht es so aus, als ob das Set drei Stöcker umfasst habe: zwei in die Hand und einen zum Verschlucken. Weil Walker ihren ganzen Körper, sagen wir: Bewegungsapparat, unter Kontrolle haben, sehen sie von Ferne aus wie entlaufene Ampelmännchen. Die Art der Fortbewegung macht bereits Schule: Auch im richtigen Leben hilft Walken. Die gesundheitsbewusste Dame zieht walkend von Boutique zu Boutique, walkt durch den Supermarkt und hat auch im Gedränge den rechten Zug zur Kasse. Im Büro wird sitzende Tätigkeit durch Walken zum Klo oder zum Kopierer ausgeglichen, auch der kurze Schnack auf dem Flur (Walkie Talkie) wird zur gesunden Alternative in der Kaffeepause.

Wenn man Nordic-Walker auf die Ästhetik ihres Tuns anspricht, antworten sie mit einem »Ja, aber«-Satz, an dessen Ende das Wort »gesund« steht. Solange es ein Aber gibt, werden uns Rudel entlaufener Ampelmännchen am See oder im Wald begegnen. Bis sie irgendwann den Weg allen Aerobics gehen. Nein, walken natürlich.

LEBEN OHNE ...

Normale Brötchen

Gern erinnern wir uns an die Zeit, da die Menschen noch wussten, was Gemeinschaft ist und diese auch lebten. Lange her. Dann wurde bekanntlich alles anders. Zwar gemahnte die Werbung noch fast flehend an das von unserem Philosophen-Ass und Kaltduscher Kant erdachte »Mein Bac, dein Bac, Bac ist für uns alle da«, doch es war schon zu spät. Die Frau bekam ihren

Zweitwagen, die Kinder ihren eigenen Telefonnebenanschluss, die Sowjetunion bröckelte, die Trapp-Familie zerfiel in Dave, Dee, Dozy, Micky, Beaky, Tich, Okko, Lonzo, Berry, Chris, Timpe, Django, Peter, Paul und Mary.

Das Schlimmste aber war: Jeder wollte sein Brot. Sein eigenes, abgeschlossenes, lückenlos ummanteltes, mittelgescheiteltes Brot. Man erfand das Kleinbrot, das Individualbrot, das Kompromissbrot, das Rudelbrot, die praktische Mobilteigware, den Egostein der Backzunft. Und man nannte es Brötchen. Dass das Brötchen entscheidend zur Entfremdung in deutschen Familien beitragen sollte, störte niemanden. Heute weiß man, dass mit dem Erfolg des Brötchens auch der Siegeszug des Handys voraussehbar war.

Irgendwann war das Brötchen normal, aber es war noch nicht das normale Brötchen. Erst als Brötchen auf den Markt drängten, die man heute als Multimediabrötchen mit Zusatzfeatures bezeichnen würde, Mohn-, Sesam-, Drei-, Mehr- und Telekornbrötchen im Regal lagen, wurde das Brötchen zum normalen Brötchen, während die unnormalen Brötchen schnöselige Markennamen erhielten. Höhepunkt: Das Weltmeisterbrötchen, in der blickdicht geschlossenen Kornapplikationshülle, etwa ein Kilo schwer, arschteuer und von ganzheitlichen Frauen gern entkernt als Schmuckschatulle benutzt.

Übrigens: Wenn der Berliner Weltmeisterschrippe sagt, meint er Miss World.

Ohrenschmerzen

Was machen Zwiebeln? Scharf? Satt? Reizungen? Blähungen? Mundgeruch? Hm. Deutschland ist ein zwiebelkritisches Land und verstellt sich damit oft den Blick auf die vielen Vorzüge dieser traditionsreichen Kulturpflanze, die längst ihren festen Platz in der Gemüsehall of Fame hat. Was schon den alten Pyramidenbauern recht war, kann uns nur billig sein. Die Zwiebel schmeckt, die Zwiebel nährt, die Zwiebel stärkt, heilt, lindert, säubert, oft alles auf einmal, und niemand dankt es ihr. Die Zwiebel ist quasi die Hausfrau unter den Nutzgemüsen.

Derlei Aufopferungsfähigkeit wird vom nörgelnden Deutschen beharrlich ignoriert, er redet nur von Alliinase, dem dubiosen Enzym, das das Iso-Alliin in Propanthial-S-Oxid spaltet und die bekannten Augenreizungen beim Zwiebelschneiden verursacht. Klar, wissen wir, aber solchen Menschen wünscht der Zwiebelfreund insgeheim Wespenstiche, die sich mit Zwiebelsaft so wunderbar natürlich und wirksam behandeln lassen, dass Wespen schon der Stechreiz vergeht, wenn sie Menschen mit Zwiebelanschluss nur sehen.

Oder man wünscht dem Zwiebelfeind Ohrenschmerzen. Denn er weiß nicht, wie gut es ist, sich Zwiebelscheiben aufs Ohr zu legen und die heilenden Schwaden des Zwiebeldunstes ihr sanitäres Werk im Gehörsystem tun zu lassen. Zwiebeln auf dem Ohr sind so angenehm, dass man sie auch prophylaktisch tragen kann. Unter einem schicken Stirnband, Gemüsezwiebeln auch als Polster im Kopfhörer. Bei Ohrhörern haben sich kleine Frühlingszwiebeln bewährt, die mittlerweile auch mit einem speziellen Tieftonbooster für transparente Bässe gezüchtet werden. Farblich abgestimmte Zwiebelscheiben als Ohrschmuck sind in Mittelmeerländern längst etabliert, Mobilfunkanbieter basteln eifrig an mittelohrfähigen Zwiebelhandys mit Freidunsteinrichtung.

Reiz ist geil? Genau.

Orientierung

Natürlich brauchen wir Orientierung. Auch jenseits der fünften und sechsten Klasse. Nicht nur im Straßenverkehr. Nicht nur im Paragrafendschungel. Nicht nur in der Viererkette. Es geht früher los. Zu Hause. An der Basis. Am Fuß. Auf der Socke steht L. Früher, sagen die, die früher noch erlebt haben, war man bei Wintern um minus 50 Grad froh, überhaupt eine Socke zu haben, für die ganze Familie natürlich. Heute drückt der Schuh, wenn man die L-Socke rechts trägt, weil sie anders geschnitten ist als die R-Socke. Und es ist sowieso total lustig, Socken mit einem L und einem R zu tragen.

Es fällt auf, dass durchaus intelligente Menschen links und rechts nicht unterscheiden können, oben und unten aber fast nie verwechseln. Das hat zum einen damit zu tun, dass wir senkrecht veranlagt sind. Würde der Mensch ähnlich dem Bärlauch als Bodendecker leben und sich waagerecht fortbewegen, wäre das viel leichter, und man könnte teure Hochsprunganlagen in sichere Renten umwandeln. Aber Hauptgrund für Links-rechts-Schwäche ist, dass der Mensch sich links und rechts viel ähnlicher sieht als oben und unten. Und dann steht er auch noch dauernd vorm Spiegel, da wirst ja bekloppt irgendwann.

Und wenn es wirklich mal schnell gehen muss? Unser großer Philosoph Immanuel Kant wusste bereits: »Der erste Gedanke ist immer der beste« (von Cat Stevens und später Rod Stewart zum Welthit »The first Kant is the deepest« gemacht). Es soll Menschen geben, die sind zum Zigarettenholen rechts statt links abgebogen und nie wiedergekommen. Nicht weil sie ein neues Leben angefangen haben, sondern weil sie immer noch den Automaten suchen.

LEBEN OHNE ...
Passwörter

»Die Eingabe war falsch. Wollen Sie es erneut versuchen?« Herrgott, ja! Machen wir hier ein Quiz, oder was? Blöde Frage. Gefühlt besteht die Hälfte des Lebens mittlerweile aus Passwörtern. An Türsteher vor Diskotheken haben wir uns ja mittlerweile gewöhnt. Die fragen zwar nicht, ob man es erneut versuchen will, wenn das Gesicht falsch ist. Aber sie bieten immerhin noch einen Hauch von persönlicher Note, und manchmal kann man sie auch als Träger eines falschen Gesichts mit richtigen Worten überreden. Bei Passwörtern oder Geheimzahlen ist das anders. Richtig oder raus. Und der modische User hat natürlich nicht ein Passwort, sondern für jede Gelegenheit das passende. Wie der Name schon sagt. Ergibt bei durchschnittlicher Teilnahme am Leben unter dem Strich etwa 120 Wörter. Die Schemata sind immer dieselben. Schlaue nehmen unveränderliche Angaben: Geburtsort, Stammkneipe, Zwischenname, Name der leiblichen Mutter, des Schuldenberaters, des

Bewährungshelfers oder das Wort »FUCK«. Dumme nehmen veränderliche Angaben wie den Namen der Freundin, den Namen des Lieblingssängers der Lieblingsboyband oder den Lieblingsnamen der Freundin vom Sänger der Boyband. Hoch im Kurs auch hässliche Kosenamen von nahe stehenden Tieren oder nahe liegenden Menschen, die schon als Passwörter lächerlich klingen. »Butzi« ist da noch das harmloseste Beispiel, liebe Butzis.

Noch lachen Sie. Aber bald werden Sie auch für zwei Cheeseburger am McDrive ein Passwort brauchen, für Bahnübergänge, das Verlassen des Stadtgebietes von Hanau oder den Eintritt in die Volljährigkeit. Und wenn die Eingabe dreimal falsch ist, bleiben Sie eben 17. In Hanau. Schönes Leben noch, Butzi.

LEBEN OHNE ...

Picknick (1)

In den Abstellkammern rührt sich was. Unter einer mitteldicken Staubschicht knirschen winterverschlafene Picknickkörbe lustvoll vor sich hin und strecken erwartungsfroh die Flechten. Es ist Frühling, einer, der seinem Namen Ehre macht, rechtzeitig zur Stelle und sofort auf Betriebstemperatur, der Konterstürmer unter den wechselwarmen Jahreszeiten. Das Knirschen der Körbe deutet auf ein altes Ritual der überdachten Zivilisationsgesellschaft hin – die Freiluftverköstigung in geselliger oder familiärer Runde, das tischlose Serviervergnügen für Bodendecker, der Lunger- und Durstspaß für jede Parkgelegenheit – das Picknick.

Schon bald wird der Flechtkorb wieder knirschen, dann unter der Last voller Weinflaschen und meterlanger Salamis. Während Mutter mit Adlerblick die Wiese nach einer tierkotfreien Ebene abscannt, anschließend eine abwischbare, teilisolierende Multifunktions-Outdoordecke in den Farben der Saison faltenfrei ausbreitet und der häuslichen Sitzordnung entsprechend aufdeckt, wuchtet Vater nach Bewertung der Windrichtung den gusseisernen Grill mit rutschsicherem Breitplateau-Fundament an eine günstige Stelle, schichtet in seinem ureigenen System Kohlen auf und eröffnet das Feuer. Die Kinder beginnen indes, unauffällig, aber gezielt Frisbeescheiben oder Volleybälle in Nachbarkolonien zu dreschen, um das Revier zu markieren.

Mutter streift sinnlich die Schuhe ab, hält das Gesicht in die Sonne und fällt in eine minutenlange, tranceartige Melancholiestarre. Nur aus der Ferne hört sie Vaters Erfolgsmeldungen, er steht unter Dampf, schaut nur auf die Kohle und ist dabei, ein Glutbad anzurichten. Und das Essen kommt erst noch.

LEBEN OHNE ...
Picknick (2)

Alles ist vorbereitet und angerichtet. Mutter ist aus der Melancholiestarre erwacht, Vater steht breitbeinig am Grill und klopft gerade das vorgewürzte Stück Nacken ab, das ihm in die Glut gerutscht ist. Und die Kinder haben mit gezielten Frisbeeattacken und Vollspannschüssen mehrere Liebespaare in die Flucht geschlagen und einen kirchlichen Singkreis gesprengt.

Der Hauptakt des Picknicks steht bevor, die Verköstigung, das Familienleben wird sich auf gut zwei Quadratmetern Decke abspielen. Und zwar harmonisch. Sehr harmonisch. So harmonisch, dass die Kinder sich fragen, warum man überhaupt noch mehr Platz braucht und das Haus nicht gleich verkaufen soll. Denn Picknick bedeutet auch Waffenstillstand, Frieden.

Und es bedeutet: Fressen und Saufen, bis man platzt. Ist jedenfalls Vaters Ansicht, der die Rolle des Grillmeisters von Bier zu Bier selbstbewusster interpretiert und eine eher deutsche Vorstellung von Picknick hat. Mutter liebt die französische, zarte, erotische Auslegung und Auslebung von Picknick. Zärtlich umklammert sie ein Stangenbrot und bestreicht es sinnlich mit Frischkäse, den der Rest der Familie kategorisch ablehnt. Bei den Kindern stehen Mayo-Kartoffelsalat aus dem Spar-Eimer hoch im Kurs, der Versuch, eine Pommes-Fritteuse in das Picknick zu integrieren, scheiterte bislang immer an Kabellängen und an Mutter.

Vater integriert unbemerkt einige Kleinkriechtiere in den Frischkäse. Den Grill hat er nach dem achten Bier ein wenig aus den Augen verloren, zur Freude der Kinder beginnen die Schaschlikzutaten und die Holzspieße in bunten Farben zu brennen. Mutter wirft den Kopf in den Nacken, trinkt Rotwein aus der Flasche und rülpst französisch. Zeit zum Aufbruch.

Picknick (3)

Es ist spät geworden. Die sinkende Sonne wirft lange Schatten auf die Picknickwiese, einer davon gehört Vater, dem gerade die letzte Flasche Bier aus den Händen gleitet. Der nur langsam verhallende Ton seines finalen Bäuerchens kündet wie ein fernes Nebelhorn zum Aufbruch. Das noch vor kurzem so fröhlich bevölkerte Grün gleicht mit seinen vor sich hinqualmenden Feuerstellen einem Schlachtfeld – schlimmer noch: Es sieht aus wie im Guiseppe-Meazza-Stadion nach dem Mailänder Derby. Rund um Vater verteilen sich abgenagte Knochen, umgestoßene Kartoffelsalateimer, Einwegflaschen, Einweggeschirr, Einwegbesteck, ein erschlagener Maulwurf, verkohlte Nackensteaks, ein im Affekt erstochener Plastikfußball. Die von den Kindern nur widerwillig verteidigte und schließlich aufgegebene Frischkäsedose wird mittlerweile von einer Ameisenkolonie kontrolliert. Auf einem zusammengebrochenen Campingstuhl vereinen sich zwei herrenlose Mischlingshunde.

Mutter irrt barfuß durch einen Scherbenhaufen und sucht ihre Schuhe, die sie jedes Mal, wenn ein junger Arsch vorbeiflaniert ist, sinnlich bis übersinnlich abgestreift hat. Vater hat sich das lange angeguckt und zwei Interessenten dann mit Schaschlikspießen in die Flucht geschlagen. Mutter ist mittlerweile überzeugt, dass sie alle haben könnte. Vater liegt im Gras und schnarcht. Er wird nicht mehr ohne fremde Hilfe nach Hause kommen.

Die Kinder versuchen den erdolchten Fußball mittels einer Notoperation zu retten. Es ist, als ob man ein halbes Hähnchen beatmete. Schließlich beerdigen sie das Spielgerät zwischen Essensresten in einer völlig überfüllten Mülltonne. Die Kinder kennen den Täter. Sie schwören Rache und schmieren den Spruch »Wir wissen, wo dein Grill steht« auf sein Auto.

Dann ziehen sie Vater nach Hause. Sie werden wiederkommen. Es sind noch ein paar Würste da.

LEBEN OHNE ...
Planet Pluto

Schock im All! Pluto ist entlassen! Raus aus der Beletage unseres Sonnensystems. Zweite Liga. Die Internationale Astronomische Union (IAU) hat den Pluto aus dem Weltplanetenerbe gestrichen. Die Organisation, eine Art FIFA des Universums, der Vertreter aller Sonnensysteme angehören, hat die Entscheidung auf ihrer 26. Delegiertenversammlung gefällt, die diesmal auf der Erde, im tschechischen Prag, stattgefunden hat.

Die Entscheidung war eng, aber das Urteil der IAU steht. Nach der neuen IAU-Norm ist der Pluto kein Planet mehr. Was nichts mit schlechter Atmosphäre oder anderen Abgaswerten zu tun hat, sondern mit seiner Größe. Der Pluto ist im Himmelskörperregister künftig nur noch als Zwergplanet geführt. Zwergplaneten gelten offiziell nicht als Planeten, sondern als Planetoiden, so wie Zwergastern als Asteroiden gelten und der demnächst abgeschmolzene Südpol als Polaroid. Von Zwerghühnern ganz zu schweigen. Planetoid klingt krank. Planetino wäre eleganter gewesen.

Pluto, mit 76 Jahren jüngste Entdeckung unserer Planetenfamilie, war mit seinen knapp 2300 Kilometern Durchmesser zugleich auch bei weitem der kleinste, drückte sich am Rand herum und durfte nie mitspielen, wenn die acht Großen mal wieder ins Rotieren kamen. Der Pluto war das neunte Rad am Wagen, wie in Sternbildkreisen gern gescherzt wurde.

Aber kommt es wirklich nur auf die Größe an? Über die wahren Gründe darf nur spekuliert werden, hinter vorgehaltem Mond kursieren in der Umlaufbahn die wildesten Gerüchte. War der Pluto gedopt? Oder in der Waffen-SS? Oder eine frühe russische Erfindung (Plutov) im Rennen um die Vorherrschaft im All?

Gut, er hatte nicht die modische Eleganz des Saturn, nicht die Aura des Mars, nicht die Großkotzigkeit des Uranus und kein Privatfernsehen wie die Erde. Aber der Pluto war ein Vorbild für kleine Planeten, ein Kämpfer, eine Art Berti Vogts des Sonnensystems, dem wir nicht nur das Plutonium, sondern auch die Plutorangen, Plutooth und den Hund von Mickymaus zu verdanken haben. Fast eine Ironie des Schicksals ist die Tatsache, dass in dem aus dem Amnesiemilieu stammenden Merksatz »Mein Vater erklärt mir jeden Sonntag unsere neun Planeten« ausgerechnet das Wort »Planeten« für den jetzt exmatrikulierten Pluto stand. Und was wird aus dem Merksatz? Erklärt der Vater seinen vergesslichen Kindern jetzt jeden Sonntag unsere neun? Aber es sind ja nur noch acht! Neptun umbenennen und als Aeptun abtun? »Welcher Seemann liegt bei Nanni im Bett?« fragen die Ostfriesen, wenn sie sich ihre Inseln merken wollen. Auch, weil an diesem Merksatz nicht gerüttelt wird, ist Baltrum, der Pluto der Ostfriesischen Inseln, sicher.

Der Mensch hat es zwar nie geschafft, ein vernünftiges Ganzkörperfoto vom weit entfernten Pluto zu machen, doch noch wenige Wochen vor seiner Entlassung schickte die Nasa eine

Sonde rauf, die 2015 ankommen soll. Und nun das. Wer weiß, ob sich der sinkende Stern bis dahin nicht längst aus dem Staub gemacht hat?

Nun ist er seinen Planetentitel los, was sich nicht nur touristisch negativ bemerkbar machen wird. Er behält zwar zunächst noch seinen Sonnenplatz im System, muss sich aber auf Dauer neu orientieren. Zwischen den anderen kleinwüchsigen Kollegen im Kuipergürtel, dem Kindergarten des Sonnensystems, wird er sich zurechtfinden müssen. Seine neuen Spielkameraden heißen Charon und Ixion, ein Zwergplanet hört auf den Angebernamen 2003 UB313, einer heißt ganz programmatisch Orcus. Immerhin ist Pluto in dieser Gruppe einer der himmelskörperlich stärksten. Und er hat angekündigt, zu kämpfen. Wo auch immer die IAU das nächste Mal tagen wird, der Pluto wird sich für eine Replanetisierung empfehlen. Bis dahin ist er für uns der Planet der Herzen.

LEBEN OHNE ...
Proportionsprobleme

Junge Menschen befällt hin und wieder die Angst, mit zunehmendem Alter unverhältnismäßig zu schrumpfen. Der Schrumpfvorgang als solcher ist dabei noch nicht das Problem. Es geht darum, dass bestimmte Körperteile nicht mitschrumpfen, und die Unsicherheit der jungen Menschen gründet sich vor allem auf den Zustand, nicht zu wissen, welche Körperteile das sind. Sie denken dann an den Großvater, dessen Körper immer kleiner wurde, während die Ohren kein Stück vom Originalformat abrücken wollten und schließlich den ganzen Großvater bedeckten. Zuletzt musste man Opa schon bei leichten Windstärken einhaken, damit er nicht erfasst und aufgewirbelt wurde. Einmal hatte ihn optimale Thermik bis über die Zonengrenze getragen. Den Papierkram mit den DDR-Behörden hätte man heute nicht mehr, aber haben muss man das trotzdem nicht. Vielleicht würde man das Ohren-Körper-Verhältnis akzeptieren, wenn nicht der Körper schrumpfen, sondern die Ohren wachsen würden. Was zum Beispiel den Vorteil hätte, dass endlich die Ohrhörerstöpsel ohne Nachdruck passen würden. Und man sich mit den eigenen Ohrläppchen waschen könnte. Aber das ist blanke Theorie. Weitere im hiesigen Raum bekannten schrumpfresistenten Körperteile sind Füße, Nasen und Bierbäuche.

Ein anderes Schrumpfphänomen ist Abraham Lincoln, den die Amerikaner, wie jeden, auf den sie einigermaßen stolz sind, in Stein gemeißelt haben. Hatte der Mann am Ende wirklich klärgrubendeckelgroße Hände? Oder sind sie normal geblieben, während sich der Präsident in einer verbliebenen Gesamthöhe von 1,30 Meter vor dem Bildhauer aufbaute? Schreckliche Vorstellung, außer beim Baseball.

Sicher, es gibt auch Körperteile, die man liebend gern in voller Pracht behalten würde, und egal, an was Sie jetzt denken, sprechen Sie es nicht aus, wenn Kinder im Raum sind.

LEBEN OHNE ...

Punkt und Komma

Natürlich erwartet bei einer solchen Überschrift wie dieser hier jeder Leser von einer inspirierten Kolumne eine sowohl in Inhalt als auch in der Form des Textes widergespiegelte Behandlung des Themas in Form eines einzigen Endlossatzes und wird bis Zeile neun auch voll und ganz bestätigt – doch das Leben ist manchmal voller Überraschungen: ,,,,,,,,,.…... So. Das sollte für den Anfang des Textes reichen, zumal es im Notfall ja noch andere entzückende Hilfswerkzeuge gibt, mit denen man Punkt und Komma in ihrer eigentlichen Funktion getrost abhaken kann.

Okay, es gibt auch Nieten: Das Semikolon, schon dem Namen nach etwas Halbgares, vereint Punkt und Komma zu einem ebenso halbherzigen Bremsklotz, der immer dann vor einen rollenden Satz geschoben wird, wenn dieser eigentlich schon zum Stehen gekommen ist. Weg damit! Womit wir bei einem unter Wert verkauften Werkzeug wären, dem Ausrufezeichen. Einzig die Boulevardpresse benutzt den schlanken Riesen wie einen guten Freund, zum Beispiel in Überschriften wie »Benzinwahnsinn!« oder »Jaaaaaa!«. Sein Gebrauch ist – wie der des Doppelpunktes – ausbaufähig, besonders Beschwerde- oder Liebesbriefen könnte sein Einsatz zu mehr Leidenschaft und Dringlichkeit verhelfen und auf Dauer vielleicht sogar den Punkt ablösen, zumal dieser ja auf attraktiven Kleinbuchstaben und Umlauten einen anständigen Nebenjob hat. Ebenso das Komma, das in seiner Freizeit als sogenanntes »Tüddelchen« im An- und Abführungsdienst aushilft und ansonsten in verschiedenen Fremdsprachen auf Akzentdienstleistungen umschulen könnte. Die deutsche Sprache hat ihm ohnehin ein Denkmal gesetzt und es in bedeutenden Wörtern wie »Kommando« oder Sätzen wie »Komma her!« verewigt. Fest steht: Es kann nur ein Ziel geben – freie Fahrt für freie Wörter! Punkt.

LEBEN OHNE ...

Radnot

Es war mal richtig nett, eine Reifenpanne zu haben. Man fuhr erst mal rechts ran (wenn rechts kein ran war, blieb man einfach stehen, wenn rechts kein ran und links kein vorbei war, verursachte man zäh- bis nichtfließenden Verkehr). Dann stieg man aus, schaute sich den Schaden an, holte ein Ersatzrad und ein bisschen Hebe- und Hebelwerkzeug aus dem Kofferraum und machte sich an die Arbeit. Hatte man nichtfließenden Verkehr verursacht, konnte man durch aktives Zurschaustellen von Planlosigkeit und zweier linker Hände Hilfe provozieren, andere die Drecksarbeit machen lassen und hinterher noch einmal den Sitz der Radmuttern kontrollieren. Der Ersatzreifen war so, wie man sich einen verlässlichen Freund wünscht: keine Ansprüche stellen, nicht im Weg stehen, den Rand halten, aber da sein, wenn man ihn braucht.

Doch die Zeiten dieser komfortablen Freundschaften sind vorbei, wenigstens im Auto. Der Niedergang des Vertrauensverhältnisses zwischen Mensch und Maschine begann mit dem für die Radnot konzipierten Notrad. Schon mit einem armseligen Namen ausgestattet, verhieß das Notrad nichts Sicheres oder gar ewige Treue, sondern lediglich den Versuch von Loyalität bis zur nächsten Tankstelle. Notrad klang nach Notration, nach No tradition und nach Notradamus, dem windigen Fahrsager, der ja auch nicht überall gut ankam.

Ein Notrad kann man sich auch ziemlich einfach selbst basteln. Zwei Napfkuchenbackformen und eine mittlere Menge Lakritzschnecken reichen für kurze Distanzen und halten oft länger als die Rundkrücken der Autoindustrie.

Noch schlimmer: Pannensets. Auch unter dem schicken Namen Reifenpilot im Handel. Ein Dichtmittel und eine Kompressorpumpe. Zum Selberflicken. Wer das verstanden hat, kann auch Flugzeugturbinen reparieren. Oder als Reifenpilot arbeiten.

LEBEN OHNE ...

Rechts-Schreibung

Sollten Sie mal einen Menschen beobachten, der sich mit gesenktem Kopf, verdrehtem Oberkörper und spitzen Ellenbogen über einem Tisch krümmt – es muss nicht unbedingt ein Notfall sein. Es könnte sich auch um einen kerngesunden Linkshänder handeln, der einen Brief schreibt. Linkshänder könnten mit Recht sauer auf den Begriff Linkshänder sein, sie sind schließlich auch Rechtshänder, genau wie Rechtshänder auch Linkshänder sind, aber eben keine Linksschreiber, Linkswerfer oder Linkskegler. Linksschreiber fallen im normalen Leben kaum auf, die meisten können heutzutage beidhändig telefonieren, essen oder Gewichtheben. Doch beim Schreiben geben sie sich zu erkennen. Linksschreiber müssen ihr gerade erstelltes

Schriftbild immer weiträumig mit der schreibenden Hand umfahren, damit sie es nicht in eine blaue Bremsspur verwandeln und die vielleicht entscheidenden Wörter und Buchstaben anschließend am Handteller kleben haben. Linksschreiber verändern deshalb entweder die Sitzposition in oben beschriebener Weise oder die Blattposition, in den meisten Fällen um etwa 180 Grad. Weil das in der Öffentlichkeit manchmal sehr seltsam aussieht, haben geübte Linksschreiber eine Methode entwickelt, das Blatt auch in der Vertikalen um 180 Grad zu drehen, so dass sie es einfach nur unter den Tisch kleben müssen, um völlig verrenkungsfrei schreiben zu können. Linksschreiber, denen selbst diese Methode in der Öffentlichkeit unangenehm ist, haben sich nach erfolglosem Kampf für die Von-rechts-Schreibreform angewöhnt, Briefe und Ansichtskarten gleich auf Laptops zu verfassen. Und da diese ja immer leichter werden, ist es auch kein Problem, wenn man sich mal schnell was notieren will. Jedenfalls nicht für Linksschreiber. Die erledigen das sozusagen mit rechts.

LEBEN OHNE ...
Reifen-Fahrbahn-Geräusch

Nirgends verkehrt man so offen miteinander wie auf der Straße. Laut geht es zu, Menschen schimpfen und lachen, Motoren heulen und brummen, Reifen quietschen und – ja, und was eigentlich? Sie rollen, und beim Rollen verursachen sie ein Geräusch. Weil den Spezialisten in der Schlagwortabteilung des Bundesverkehrsministeriums (»Lichtzeichenanlage«, »fußläufige Erreichbarkeit«) wieder mal nichts eingefallen ist, haben sie das Reifengeräusch auf der Fahrbahn »Reifen-Fahrbahn-Geräusch« genannt, was ein bisschen nach »Was-passiert-dann-Maschine« klingt.

Das Reifen-Fahrbahn-Geräusch gilt bei Autobahnanwohnern mittlerweile als Hauptbeklopptmacher, noch vor dem Lärm der Motoren, den die Sounddesigner der Autohersteller nach eigenem Dafürhalten mittlerweile auf eine Art meditatives Rauschen gedrosselt haben. Natürlich gibt es auch noch schöne hohe Lärmschutzwände, die glücklichen Grundstücksbesitzern an Autobahndreiecken eine aussichtslose Zukunft gesichert haben. Frei nach dem Motto: Autos, die man nicht sieht, sind nicht da, und Autos, die nicht da sind, sind nicht laut. Aber so richtige Wandesruh stellte sich nicht ein. Durch die Mauern kroch das Reifen-Fahrbahn-Geräusch.

Gerüchten zufolge soll ein genervter Landwirt am Autobahndreieck Ahlhorner Heide zusammen mit seinem Cousin in seiner Dreschdiele den Flüsterasphalt erfunden haben – in nur einer Nacht, auf die die Ammerländer Version von »Stille Nacht« zurückgeht. Der Flüsterasphalt, der eigentlich offenporiger Asphalt (OPA) heißt, hat in seiner Karriere schon viel Reifen-Fahrbahn-Geräusch geschluckt, was nicht nur in der Tinnitus-Fraktion hinter der Lärmschutzwand mit offenen Poren aufgenommen wurde, sondern auch in den Fahrgastzellen der Billigautos, wo das Reifen-Fahrbahn-Geräusch in Tateinheit mit dem Blechdach-Fahrtwind-Geräusch Kommunikation ab 50 km/h unmöglich gemacht hatte. Wir gratulieren. Aber leise.

Salzstreuer

Beim Salzstreuer kommt es auf die Löcher an. Sagen vor allem Leute, die gerade ihr Frühstücksei unter einem ansehnlichen Salzhaufen begraben haben. Und das, obwohl sie doch nur einmal ganz leicht gekippt haben, ohne mit dem Finger auf den Streuer zu klopfen. Ja, und dann sind natürlich die Löcher schuld und das Ei nicht mehr zu retten.

Soll man solche Menschen bedauern, die sich blind auf Haushaltsgeräte verlassen? Haushaltsgeräte, deren Hersteller sich längst nicht mehr um so Nebensächlichkeiten wie Funktionalität bemühen, sondern nur noch um das Aussehen. Und wenn der Zeitgeist Löcher verbietet, dann gibt's eben keine. Und wenn große Löcher in sind, dann wird's eben salzig auf dem Ei. Das schmeckt nicht, aber sieht einfach gut aus, und irgendwas ist ja immer.

Was die Salzstreuerhersteller nicht bedenken: Die Frühstückskultur gerät auf Dauer aus dem Gleichgewicht. Man sollte – auch im Interesse der nachfolgenden Generationen – handeln, Designer-Salzstreuer (oder Salzmühlen mit Hagelsalz!) ab sofort ignorieren und zur alten, ekligen Methode zurückkehren. Und die geht so:

Ein Salzhäufchen beliebiger Größe in Einähe postieren, den Eierlöffel anlecken und beliebig tief in das Häufchen einstippen. Und? Es klebt! Wer es ganz genau wissen will, kann den Eierlöffel mit Einstipp-Markierungen wie »leicht salzig«, »ziemlich salzig« oder »voll salzig« versehen. Wenn der Eierlöffel erst einmal mit glibbrigem Dotter benetzt ist, kann man auf das Anlecken verzichten, kann aber auch die Markierungen nicht mehr erkennen. Eierfreunde, die auf die Markierungen angewiesen sind, kochen ihr Ei zwanzig Minuten, dann glibbert nix mehr.

Ach, Sie essen Ihr Ei ohne Salz …?

LEBEN OHNE …
Schlafenden Arm

Es ist doch immer dasselbe: Man liegt so, wie es in keinem Lehrbuch steht, auf dem Sofa, weil man sich mal eben kurz die Nachrichten anschauen will. Dann folgte eine interessante Sendung und noch eine, ohne dass man sich entscheidend bewegt hat. Und plötzlich zieht man den Arm hervor, auf dem man zweieinhalb Stunden gelegen hat, und der nun am Körper herunterbaumelt wie ein nasser Sack, weil er eingeschlafen ist. Aus Kontrollgründen und der Faszination wegen nimmt der restliche noch wache Körper den unkontrollierbaren Teil noch einmal, hebt ihn an und lässt ihn los. Der Arm pendelt erdanziehungsgezwungen in seine Ausgangsposition zurück. Nicht selten löst das kribbelnde Gefühl, wenn der Arm wieder Blut und Besinnung erlangt, ein spontanes Tänzchen aus.

Für ein bisschen Nachrichtengucken sicherlich ein übertriebenes Gebaren. Deshalb sollte man das regional begrenzte Einschlafen seines Körpers von vornherein vermeiden. Es gibt mehrere Modelle:
– keine Nachrichten gucken,
– wenn man sich auf einen Arm legt, dann auf den des Ehepartners, des Mitbewohners oder des Postboten,

– wenn man doch den eigenen Arm erwischt, alle fünf Minuten wechseln und den anderen unterschieben (Linkshänder in umgekehrter Reihenfolge),
– mit einer Fernbedienung arbeiten, die beidhändig bedient werden muss,
– körperweit einschlafen (Hilfsmittel: Phoenix, arte).
– den Fernsehapparat verkaufen???

LEBEN OHNE ...
Schlüsselbrett

Sie sind handgebastelt und entstammen nicht selten einer geschenkträchtigen Familienfeier mit entfernten Verwandten. Sie sind nie schön, aber gelten wie so vieles Hässliche im Haushalt als praktisch. Sie bilden in Tateinheit mit einer ähnlich hässlichen Garderobenanlage die Vorhut einer äußerst berechenbar gestalteten Wohneinheit. Und sie sind auch nicht von den entfernten Verwandten handgebastelt, sondern von einem Bastler, der sich an entfernten Verwandten dumm und dämlich verdient. Und doch sind Schlüsselbretter nach wie vor Teil unserer Wohnkultur. Wie konnte das passieren?

Es hat mit dem nicht auszurottenden Vorurteil zu tun, dass man Schlüssel einfach nicht bei sich behalten kann. Und dass alles, was man leicht verliert oder verlegt, an einen festen Platz gehört. Es gibt Ausnahmen. Ziemlich viele sogar. Eine nähere Betrachtung von in Gebrauch befindlichen Schlüsselbrettern zeigt zudem, dass sie oft mit Schlüsseln behängt sind, deren Schlösser – zu ehemaligen Fahrrädern, ehemaligen Koffern, ehemaligen Briefkästen oder Türen von ehemaligen Liebschaften – schon längst nicht mehr existieren. Und weil der Besitzer sich nicht sicher ist oder es im Falle der Liebschaft nicht ausprobieren möchte, vergammeln sie am Schlüsselbrett. Wer sich bei Schlüsseln ein bisschen auskennt, weiß natürlich, dass Schlüssel gar keine Einzelgänger sind, sondern gern in Bünden auftreten. Bei Hausmeistern und Angebern werden schlussfreudige Exemplare artgerecht gehalten, an großen Ringen in stark geweiteten Gürtelschlaufen. Schutzbedürftige werden leistennah in gut bewachten Hosentaschen versenkt. So kommen sie gut herum und müssen nicht an laubgesägten Schlüsselbrettern versauern. Vorsichtige nehmen übrigens einen abschließbaren Schlüsselschrank. Und wissen nicht, wohin mit dem Schlüssel. Nein, kein Mitleid.

LEBEN OHNE ...

Schnapsgläser

Sie haben es wirklich nicht leicht: Schnapsgläser sind in der Hierarchie der Trinkgefäße Aushilfskräfte, Hinterbänkler, Bereitschaftsdienstler. Sie stehen zunächst im Kaufhausregal und später meistens in Kleingruppenformationen hinter Rauchglasscheiben oder furnierten Schrankbartüren und warten mit einer Engelsgeduld auf ihren Einsatz. Während die größeren Kollegen aus den Bier-, Sekt-, Wein- oder Cocktailfamilien im Dauereinsatz sind und nach Dienstschluss immer wieder frisch geduscht und glänzend ins Regal zurückkehren, verstauben Schnapsgläser in der zweiten Reihe. Wenn sie mal gebraucht werden, dann als Schadensbegrenzer nach fettem Essen oder wenn der Hausherr einen ganz besonderen Schnaps aus dem Urlaub mitgebracht hat, den die Nachbarn am Diaabend serviert bekommen. Die, die am meisten Schnaps trinken, brauchen keine Gläser, sondern trinken gleich aus der Flasche. Und in zehn Jahren trinken wir ja sowieso alle direkt aus dem Internet. Nüchterne Fakten, die den Schluss zulassen: Das Schnapsglas wird vom Ein- zum Auslaufmodell, es hat sich bald ausgehoben in der 0,02-Liter-Klasse. Also: Schnapsglasbestände sichern und zur Not auf praktische Alternativen zurückgreifen: Wer sich nicht traut, seinen Gästen Doppelkorn in Bierhumpen zu servieren, sollte Eierbecher reichen – oder gleich eine druckpunktverstärkte, imprägnierte und randgeschliffene Eierschale. Die sieht nicht nur originell aus, sie hat, wie auch das Reagenzglas, den Vorteil, dass Frauen, die für einen Schnaps in etwa so lange brauchen wie Männer für einen Cocktail, das Trinkgefäß nicht zwischendurch abstellen können. Hähä. Später kann man ja immer noch auf Bierhumpen umsteigen. Und dann vielleicht einmal auf das gute alte Schnapsglas anstoßen.

LEBEN OHNE ...

Schöne Handschrift

Wenn sich mehrere Menschen konzentriert über etwas beugen, kann das mehrere Bedeutungen haben: Die heiligen drei Könige haben es getan, weil Klein-Jesus offenbar ein ganz besonderes Kerlchen war. Gäste schlechter Restaurants tun es, wenn zweifelhafte Pilze den Verdauungsrückzug antreten. Freundliche Sportkameraden tun es, wenn einer von ihnen die Kontaktlinse verloren hat (»Ich hab sie – unter meinem Schuh«). Und überall, wo Schrift verkehrt, tun es Menschen, weil sie es mal wieder mit einer Sauklaue zu tun haben. Im Stadium der ersten Beratung bei leichtem Rätseln hört man sie flüstern. Dieser Kringel ist doch ein »o« und niemals ein »a«. Dann hieße es aber Brotwurst, und das sei Unsinn. Wenn aber das weiter hinten kein »r«, sondern ein »l« ist, heißt es Brotwulst, und einer glaubt, Brotwulst schon mal gehört zu haben, in der DDR oder so. Außerdem: Was soll »Bratwurst« in einem Formular? Genau so wenig wie Brotwulst. Immerhin steht es 50:50, und der eine ruft seine Tante in Gera an und erkundigt sich nach Brotwulst.

Und das alles nur, weil der Absender, der Einschicker, der Ausfüller, der Beantrager die Finger nicht voreinander bekommen hat. Wenn man nett sein will, sagt man: Jeder Buchstabe ein Individuum, ein kleines Kunstwerk, viel Abwechslung, keine Langeweile. Wenn man böse sein will, sagt man: Er hätte lieber was anderes lernen sollen als schreiben. Dann doch lieber Ärzte, deren Schrift oft den Herzfrequenzkurven kritischer Intensivpatienten ähnelt und wenigstens bei jedem Anfangsbuchstaben gelegentlich aus der Horizontalen hochzuckt. Oder die von Kunstlehrern, die generell in Blockbuchstaben schreiben und statt Pünktchen auf dem Ü immer kleine geometrische Figuren malen.

Aber der nächste Brief kommt bestimmt. Man kann ja hinterher telefonieren.

Schönen Gang

Frauen können tolle Sachen. Zum Beispiel auf einem Stuhl oder einem Sofa sitzen und die Beine so überkreuzen, dass sie parallel nebeneinander liegen, nur eben das linke rechts und umgekehrt. Das gilt dann als elegant und die Beine der Frau meistens als ziemlich lang. Auch für die Art des Gehens kann eine Frau Punkte sammeln. Dabei setzt sie einen Fuß mit einem leichten Innendrall direkt vor den anderen, überträgt die dabei entstehenden Gleichgewichtsschwankungen geschickt auf den Restkörper und bringt so ausgewählte Körperteile plus Haupthaar gewinnbringend in eine Bewegung, die dem eigentlichen Zweck des Gehens nur mittelbar dienlich ist. Aber als fein gilt.

Doch das ist nur die Spitze der Bewegung. Oft liegen elegant und Elefant ganz nah beisammen, zum Beispiel im gleichen Ehebett, wenn der Mann Fußballer ist. Aber ist ein Mann weniger attraktiv, nur weil seine geschlossene Beinstellung der Form einer Kneifzange ähnelt? Oder er beim Laufen so federt, dass er auf einem ungemähten Rasen grüne Knie bekommt? Oder eine so starke Vorlage hat, dass ihn jeder nächste Schritt scheinbar vor dem Umfallen bewahrt? Diese Menschen haben einen großen Vorteil gegenüber den Normalgängern: Man erkennt sie schon von weitem, auch in großen Menschenansammlungen. Bei Frauen geht das sogar akustisch, weil sie häufig sehr perkussives Schuhwerk tragen. Manche gehen so raumgreifend, als ob sie noch nicht gemerkt haben, dass sie bereits vom Pferd gestiegen sind. Aber der Gang dieser meist liebenswürdigen Menschen wummst wie Techno in Ohr und Magengrube. Man weiß dann schon, wer im Anmarsch ist. Und das kann manchmal sehr nützlich sein.

Schuhe abtreten

Wenn du erst drin bist, ist es zu spät. Zurück geht nicht. Vor auch nicht. Du stehst da in dieser fremden Wohnung, die weder Parkett- noch irgend einen anderen abwischbaren Fußbodenbelag hat, sondern hellen Teppich, teuer und gepflegt.

Die letzten Minuten laufen wie ein Film vor deinen Augen ab. Das nasskalte Wetter draußen, über das du dich geärgert hast, der Sandweg, der sonst so weich die Schritte abfedert und sich nach dem Dauerregen in eine Matschpiste verwandelt hat. Und dann auch noch die Pfütze, in die du getreten bist, als du aus dem Auto stiegst. Da warst du noch voll konzentriert, da hattest du noch klar vor Augen, was du bestimmt nicht vergessen wirst, bevor du in die fremde Wohnung eintrittst. Einen Moment lang hast du daran gedacht, wie gern du als Kind in Pfützen herumgesprungen bist und immer artig deine gelben Gummistiefel vor der Tür ausgezogen hast, bevor du zum Essen reingekommen bist. Ja, man müsste noch mal Kind sein, hast du gedacht und geschmunzelt.

Und dann ging plötzlich alles viel zu schnell. Du hast geklingelt, hallo, wie geht's, komm doch rein, ja, gerne, na, du hast es aber schön hier, eine kleine Aufmerksamkeit, ach, das wäre aber nicht nötig gewesen und – neiiiiin! Du bist einen Schritt zu weit gegangen, ohne auf der Stelle zu treten auf der Fußmatte im Treppenflur. Jetzt stehst du auf dem schönen, hellen, gepflegten, teuren Teppich, du meinst förmlich zu hören, wie der Dreck unter deinen Schuhen im flauschigen Geflecht versickert und sich zu zwei klar identifizierbaren Sohlenabdrücken formt. Komm doch näher, hörst du entfernt, aber du möchtest stehen bleiben, dich nicht bewegen. Nie mehr. Oder im Boden versinken.

Aber bei dem Dreck …

LEBEN OHNE …
Schuldige

Wer hat Schuld? Der da. Oder der. Nicht? Also bitte – einer muss Schuld haben. Wenn der Schuldige gefunden ist, dann ist ja gut. Bis dahin wird ein Besitzer für die herrenlose Schuld gesucht, bis sie auf den Schuldern eines Schuldigen lastet.

In Deutschland, wo der Schuldhaufen fast so hoch ist wie die Untersuchungskommissionsdichte, wird viel aufgeklärt. Gründlich. Oder besser: rückhaltlos. Oder noch besser: brutalstmöglich. Brutalstrückhaltlöslich. In Tateinheit mit Machtgeilheit macht der Aufklärungswahn in der Schuldverteilungsphase, dem so genannten schwebenden Verfahren, Aufklärer zu geilen Typen. Sie fordern dann mindestens Gerechtigkeit, und sie sind es auch, die davor gewarnt hatten. Und das hätten sie schon immer gesagt, sagen sie dann immer. Sexy! Roland Koch könnte längst Playboy-Cover-Waschbrett-Rolli sein, hätte sein Sessel nur damals nicht so geklebt. Aufklärer haben wir wirklich genug. Schuld auch. Was wir brauchen, sind Schuldige! In einem Land mit Millionen Arbeitslosen muss da doch was zu machen sein.

Aber gibt's ja heute alles im Internet. Zum Beispiel Mietschuldige! Voll geduldig, wehrlos und haftbereit. In allen Preisklassen, für richtig Schotter bei Großvergehen wie Kooperierter Gesamtschuld (KGS) oder Integrierter Gesamtschuld (IGS) oder Volkshochschuld (VHS). Oder für'n Zwanziger, bei Kleinvergehen wie Grund-, Real- oder weiterführender Schuld. Interesse? Kein Problem! Für Mütter gibt es verschiedene Teilschuldangebote, Rentner können im Altschuldbereich gute Dienste leisten, während Eilige Vorfahrtsschuld übernehmen könnten.

Einfach mal ausprobieren. Wenn's Ihnen nicht gefällt, können Sie ja immer noch umschulden.

LEBEN OHNE ...

Selbstvermarktung

Niemand wäre je auf die Idee gekommen, das Schwein »Große Steckdosennase« zu nennen. Man nannte es einfach Schwein, was in Anbetracht von schwer verdaulichen Sprachmonstern wie Großes Steckdosennasenrückensteak eigentlich eine gute Idee war. Aber es kommt eben immer darauf an, welche PR-Berater man hat. Solche Berater hat die Kleine Hufeisennase nicht. Und heißt nun eben so. Fledermäuse! In der Selbstvermarktung nicht gerade aufgeweckte Tiere. Gut, es gibt Batman. Dann kommt ganz lange nichts, und dann kommen Trichterohren, Hasenmäuler und eben Hufeisennasen. Künstlernamen haben in der Fledermausszene einfach keine Tradition.

Der Kleinen Hufeisennase fehlte es früher an Mumm. Sie hing entweder rum oder wirkte total flatterhaft. Sie nahm kaum Jobs an, und wenn, waren es schlechte Jobs. Mit ihr wurden falsche Fährten gelegt, um Verfolger von Zwergponys in die Irre zu führen. Später half sie gar in Typenhebelkolonnen mechanischer Schreibmaschinen als »u« aus.

Mit Verweis auf Batman versuchte es die Kleine Hufeisennase später in Hollywood, doch zu mehr als Statistenrollen in Massenszenen drittklassiger Katastrophenfilme reichte es nicht. So kehrte das Nesthäkchen der Familie Hufeisennase völlig desillusioniert und mittellos zurück, zog nach Ostdeutschland und engagierte sich dort im gewaltlosen Widerstand.

Und weil Märchen manchmal eben doch wahr werden, hat es die Kleine Hufeisennase im Jahr 2007 schließlich in die Schlagzeilen der Titelseiten und sogar bis in die Tagesschau geschafft. Mit aller Macht stemmt sie sich in der sächsischen Elbaue gegen den Bau der Waldschlösschenbrücke und sichert der Stadt Dresden den gefährdeten Unesco-Welterbetitel. Batman wäre stolz! Sie bräuchte dringender denn je einen PR-Agenten, denn mehrere Talkshows haben schon angefragt. Aber das glaubt ihr eh kein Schwein.

LEBEN OHNE ...
Singer/Songwriter

Sind Sie auch schon mal aufgewacht, weil Sie geträumt haben, Bob Dylan zu sein und in der Fußgängerzone Oldenburg Sketche von Dieter Hallervorden zu vertonen? In bester Singer/Songwriter-Manier? Ein schlimmer Traum. Nicht wegen Oldenburg, nicht wegen Hallervorden, noch nicht einmal wegen Dylan, obwohl es Grund genug dazu gäbe. Sondern wegen der musikalischen Interpretationsart: Singer/Songwriter.

Nicht Songer/Singwriter, nicht Writer/Songsinger oder Sing-
songer, ebenso nicht Single Songwriter, auch nicht Swinger-
Dongwriter, Suzi Wongreiter oder Ringer/Wrongfighter, nein –
Singer/Songwriter. Nur echt mit eigens erlebter Einkaufs-
meilenvergangenheit in Städten über 17 000 Einwohner. Vor
30 Jahren gab es so viele Singer/Songwriter, dass sich die guten
eine Gitarre teilen mussten (Simon und Garfunkel) und die
lausigen wie Zombies in die Innenstädte einfielen und die Fuß-
gängerzonen leer spielten. Ein Spießnotenlaufen für friedliche
Einkäufer zwischen Antikriegsballade und Antiatomreggae.
Zubehör: Gitarre 1.0, Halskrause mit Mundharmonika-Plug-
in, wireless Dog und Rama-Tool, wie die heutige Singer/Song-
writer-Generation sagt.

Ein Singer kommt selten allein, er muss auch immer
Songwriter sein, Songs, die er singt, writet er selbst, er writet
wie der Teufel, durch Nacht und Wind oder in den Sonnenuntergang. Ein Singer/Songwriter legt niemals die Gitarre aus der
Hand, nicht beim Singen und nicht beim Songwriten, Protest-
singer/Songwriter sind immer im Dienst, sind Spiegel der Ge-
sellschaft, singen/songwriten schon beim Frühstück, dort wo
die Synonyme lauern: Kalter Kaffee? Kalter Krieg, Kalte Rot-
te, die Kälte in uns Menschen. Weiches Ei? Neil Young oder:
Warum Jammern doch hilft. Fragen über Fragen, und die Antwort, mein Freund, is blowing in the Wind. Sang schon Dylan.
Lange vor Oldenburg.

Sonnenbrand

Die Lehren aus der diesjährigen Jahresmitte sind schnell gezogen. 1. So geht's nicht weiter. 2. Wir brauchen eine Wetterreform. 3. Wir machen trotzdem das Beste draus. Zum Beispiel sonniger denken. Auch zwei Sonnentage am Stück können uns nicht mehr täuschen, der Generalsommer ist abgeschafft, es wird zukünftig viele Einzelsommer geben, in den Abstufungen Einzelsommer, Hocheinzelsommer, Jahrhunderteinzelsommer und Ichhaltsnichauseinzelsommer. Die Summe aller Einzelsommer (Einzelsommersammelsumme) geteilt durch die Temperaturen ergibt eine Mittsommerquote, die dann hinterher nicht so blass ist wie man selbst.

Aber diese Einzelsommer sind tückisch. Hektisch drängen die Menschen bei Aussicht auf Wolkenlosigkeit und freier Sicht auf die Sonne ins Freie und versuchen, bis zur Dunkelheit das Bräunungspensum von etwa drei Monaten zu erledigen. Also nicht einschmieren und vorsichtshalber auch Körperteile zum Bräunen freigeben, die beim Angeben eigentlich eine untergeordnete Rolle spielen, außer bei Fetischisten. Bis zum Mittag kann bei vollsonnigem Stand- oder Liegeort schon ein sichtbarer Effekt eintreten, der durch entsprechend getönte Brillengläser auch einen Braunton ergeben kann. Für Kontrollfreaks empfiehlt es sich, Teile der bestrahlten Körperfläche abzudecken und nach ein paar Stunden zu vergleichen. Schweizer können sich mit zwei gekreuzten Streifen im Nu ihre Nationalflagge auf die Haut zaubern. Bei Türken ist ein bisschen Bastelarbeit erforderlich. Den Rest des Tages die Bräunenden regelmäßig wenden, abends in Buttermilch baden oder gleich zum Notarzt.

Das ist schlimm, das tut weh. Halbschattigen Trost bietet der 96-seitige Ratgeber »Steht auf, wenn ihr Rote seid«.

LEBEN OHNE ...
Stimmung

»Der Bill ist rund«, scherzten die angetrunkenen Männer am Tresen über den korpulenten William. Zum Austrinken kamen sie nicht mehr. Bill blies den Rauch aus der Mündung seiner 45er-»Peacemaker« mit Nickelüberzug und doppelt verchromtem Hahn und bestellte noch einen Doppelten. Der Barkeeper brachte Whiskey, kurz darauf sank auch er zusammen. Bill hatte Cheeseburger gemeint, er war seiner Zeit nicht nur körperlich weit voraus. Im Saloon herrschte gespannte Stille. »Stimmung!«, rief Bill. Es musste ja keine gute sein. Aber es regte sich nichts. Kein Wunder. Es war sonst niemand da.

Langsam schritt Bill in Richtung der reich verzierten Doppelschwingtür mit aufwendig gearbeiteten Applikationen ansässiger Schnitzkünstler. Die metallbeschlagenen Absätze seiner »Snake Eye«-Stiefel mit Adlerschaft und Zwirnnahtbesatz ließen die doppelt versiegelten Holzbohlen laut knarzen. Eichen pflasterten seinen Weg.

Bill hatte Hunger. Bill hatte eigentlich immer Hunger. Und wenn er Hunger hatte, hatte er schlechte Stimmung. Sein gertenschlanker Gaul hatte ihm auf langen Reisen schon oft das Heu überlassen, weil ihn Bills miese Stimmung ankotzte. Und immer wenn Bill ein paar vorlaute Greenhorns umgelegt hatte, weil sie ihn als »Billy the Big«, »Grill Bill« oder »Willi

Wuchtig« gehänselt hatten, bekam er besonderen Hunger. Und wehe, es war nichts zu essen da.

An einem Brunnen auf der Mainstreet saß ein Mann, der seinen »Black Compagnero«-Lederhut mit genietetem Hutband und Flex-Krempe tief ins Gesicht gezogen hatte. Aus der Entfernung vernahm Bill eine leise Melodie. Das, was der Mann zwischen den Zähnen bewegte, war kein leckeres, zweimal geräuchertes Nitritpökelsalzwürstchen im Saitling, sondern eine Mundharmonika, eine Blues Harp aus der Richter-Baureihe mit Holzkorpus und Messingstimmplatten. Der Mann stellte sich als »der geheimnisvolle Fremde« vor. Aber Bill erkannte. Es war Charles Bronson. Er spielte seine Melodie. Und er spielte sie grauenhaft. »Stimmung!«, rief Bill.

LEBEN OHNE ...

Stoppeln

Der Mensch strebt nach glatter Haut. Falten sind doof, Stoppeln sind doof, Haare sind doof. Haare nicht grundsätzlich, aber es gibt sogenannte No-grow-Zonen: in der Nase, in den Ohren, an den Beinen, an den Armen, unter den Achseln, auf dem Rücken, auf den Schultern. Da bleibt nicht mehr viel, und damit am besten gar nichts mehr bleibt, raufte sich der Mensch erst die Haare und begann dann, sie zu entfernen. Auf ganz verschiedene Art. Abschneiden und Rasieren sind nach wie vor die gängigsten Methoden, aber mittlerweile haben Frauen noch andere Ideen entwickelt, den Haaren auf den Grund zu gehen. Teilentwurzelungen ganzer Mischhaarschonungen sind keine

Seltenheit, bei manchen Frauen könnte man auch von Rodung sprechen.

Männer haben es einfacher. Wenn Männer sich rasieren, das zeigt die Werbung sehr authentisch, fliegen Düsenjets durchs keimfreie 30-Quadratmeter-Rasierzimmer (Drei-Tage-Bad), hinterher kommt ein Model im kleinen Transparenten reingetänzelt, fährt in Zeitlupe mit der flachen Hand unter dem bowlingbahnglatten Kinn entlang, den Rest kann man sich denken. Tolle Sache. Und woran liegt das? Natürlich an der Technik! Von wegen Rasiermesser wetzen oder Klinge in die Halterung schrauben. Heute rasieren wir uns kinngerecht mit drei Klingen in stufenweiser Ausrichtung, hautnahem Schwingkopf, DLCTM-Comfort-Schneiden, Ein-Punkt-Einrast-Mechanismus, Indicator-Lubrastrip und offener Klingenaufhängung. Die Haare werden von der ersten Klinge leicht angehoben, von der zweiten Klinge über ihre Rechte aufgeklärt, von der dritten durchgeprügelt, geköpft und wieder fallen gelassen. Damit man die Haare nicht schreien hört, fliegt der Düsenjet durchs Badezimmer. Der Lubrastrip erledigt dann den Rest. Wenn die scharfe Frau ihre Hand ausfährt, ist das Gemetzel längst vorbei.

Drei Klingen sehen mehr als eine, sagen die Glattmacher bei Gillette. Ihr Ziel: glatter Durchschnitt.

Tagliatelle

Freunde von Miracoli, dies ist für euch. Für euren unerschütterlichen Glauben an das Halbfertiggericht, für eure Liebe zur Tomatensoßenklumpenmultifunktionstüte, die euch auch veritabler Einwegmessbecher ist. Für eure kühle Absage an die Kochfeld-, Wald- und Wiesengourmets, die Abschmecker und Nachwürzer, die kochrezeptpflichtigen Schürzenträger, die Pasta sagen, wenn sie Nudeln meinen und es schick finden, dabei beobachtet zu werden, wie sie beim Italiener auf italiano über die neuesten Pastacreationi fachsimpeln, so von Cuoco zu Cuoco. Ihr habt all das ausgehalten, ausgesessen und aufgegessen. Ihr habt euch auch in schlechten Zeiten die gelbe Miracoli-Schachtel vom Mund abgespart. Und in ganz schlechten Zeiten habt ihr sogar in der Schachtel gewohnt.

Nein, der wahre Ästhet ist der Miracolix, Spaghettifresser im Wortsinne, für den Nudeln Schlingpflanzen sind. Keine Pasta, keine Zicken, keine Kerzen und keine Amore hinterher, weil keine Mitesser. Eine 500-Gramm-Packung Spaghetti-Tomate-Basilikum mit Spezialgewürzmischung und dem auch als Weltraumnahrung nutzbaren Parmesanbröselkonzentrat haut der notorisch an- bis ausgehungerte Kompaktgerichtler locker alleine weg. Serviertipps braucht er keine, ein Klumpen Butter in die Soße muss reichen und verhindert unvorhergesehene Körperfettwerteinbrüche. Der Tütennudelfreund pflegt sein Teigwerk darüber hinaus knackig zu schlingen, al vanti (»schnell-im-Biss«), wie es in der Szene gern heißt, während Fischnudeln aal dente gekocht werden.

Die oft belächelten Miracoli-Freunde sind das Bollwerk in einer hochgerüsteten Schlemmergesellschaft. In Zeiten von Tee

Online und Wireless Lamm braucht es eine Rückbesinnung auf das Wesentliche, das Essen-zielle, kurz: auf des Nudels Kern.

Tatort

Schlimm: In einem kleinen Dorf in Mecklenburg-Vorpommern soll ein 46-jähriger Computerfreak einen wildfremden Mann, der ihm im Weg stand, mit Haut und Haaren gefressen haben. Die Ermittler fanden auf dem PC des Verdächtigen das Spiel »Pacman« und gehen jetzt von einem Gewaltverbrechen aus. Auch schlimm: In der Obereifel hat ein eifelsüchtiger Ehemann seine Frau mit einer komplizierten Konstruktion ineinander geschobener Küchenstühle erstickt. Nach Durchsuchung seiner Wohnung fanden die Beamten auf dem Rechner eine 3D-Küchenplaner-Software. Der Mann hat mittlerweile zugegeben, nächtelang Wohnküchen und Esszimmer geplant und langsam den Bezug zur Realität verloren zu haben.

Nicht die ersten Fälle. Das Gewaltpotenzial von Küchenplanern oder beispielsweise Visitenkartensoftware ist weitgehend unerforscht. Aber sind die Programme deshalb ungefährlicher?

Ganz außer Acht gerät dabei das Fernsehen. Was schlummert in regelmäßigen »Tatort«-Sehern wirklich? Man ahnt es, wenn man sie an »Tatort«-freien Sonntagabenden zitternd und transpirierend vor dem Fernsehschirm sitzen und »Polizeiruf 110« gucken sieht, das Methadonprogramm der »Tatort«-Freunde. Man ahnt es, wenn sie ihre zwölfjährigen Söhne in fensterlosen Kellerräumen dazu bringen, »Ja, ich habe geraucht« in ein

Diktiergerät zu sprechen, weil die Beweislast einfach erdrückend ist.«Tatort«-Seher sind auch daran zu erkennen, dass sie bei Waldspaziergängen immer unauffällig im Laub herumstochern.

Schlimm, schlimm, aber nicht so schlimm wie die Zeitbombe PC: Ein 32-jähriger Versicherungskaufmann soll jetzt in der Lausitz einen Kunden totgeredet haben. Auf seinem Rechner fanden die Beamten das Programm »Word«. Das habe man dem jungen Mann nicht angemerkt, sagen die Nachbarn. Die Ermittlungen dauern an.

LEBEN OHNE ...
Textblatt

Ihre Sprache ist eine einfache. Ihre Sprache ist nicht eine vieler Worte. Und doch ist ihre Sprache eine, die auffällt, weil sie in gängige Sprachmuster nicht passt. Besonders in den sangesfreudigen Vorweihnachtstagen können wir sie hören, sie sind unter uns, sie sehen aus wie wir, aber wenn sie den Mund aufmachen, wissen wir, dass sie anders sind: Textvergesser.

Am Heiligen Abend gehören sie zur kirchlichen Laufkundschaft. Während das Stammpublikum beim Singen souverän in die Runde blickt, halten Textvergesser genau eine Zeile mit, weil die erste Zeile meistens der Liedtitel ist, den der Pastor vorgesagt hat. Danach kleben sie gebannt am Textblatt. Wer beim Liedtitel nicht richtig zuhört, singt auch schon mal Text 243 auf Lied 234, mit durchaus interessanter, fast jazziger Phrasierung, und schwenkt dann im Esperanto der Textvergesser in die richtige Melodei ein: »Hmhmhmhmmmmmmmhm« für die leisen Teile, »lalalaaaaa« für die druckvolleren Passagen. Verpönt ist das »Shananana«, das »Nänänänä« und »Hähähähä« eigentlich auch, im Kindergottesdienst fällt es allerdings nicht auf. Wer »O du fröhliche« nicht kann, eine Art »Steht auf, wenn ihr Rote seid« des Heiligabendgottesdienstes, sollte sitzen bleiben und einen Mumpsanfall vortäuschen.

Ein beliebter Treffpunkt für Textvergesser sind nicht nur Karaoke-Bars, sondern auch winterliche Cat-Stevens-Gitarrenabende. Die aus der Kirche bekannte Liedtitel-Erstzeilendeckung findet auch hier statt: In Textvergesserkreisen geht »Morning has broken« so: »Morning has broken / nänänänähähähä«. Und so weiter. Textvergesser lieben auch »Wild World«, weil es mit »Nänänänä« losgeht. Wer selbst das vergisst, muss die Vereinshymne »Memory has broken« aufschreiben, bis er's kann. Eine echte Strafe.

LEBEN OHNE ...

Tidenhub

Was ist schlimmer – Uran im Iran oder Uran im Urin? Oder im Ural? Und jetzt bitte nicht zu egoistisch antworten. Aber gut, ist eine schwierige Frage. Also hier eine leichtere: Wie entstehen Ebbe und Flut? Gehört in die Kategorie »Sollte man eigentlich wissen«. Gehört aber auch in die Kategorie »Tausendmal gehört, nie verstanden«.

Mit der Behauptung, es gehe dabei um irgendwas mit dem Mond oder so, liegt man nicht ganz daneben und schindet ein wenig Zeit, als erschöpfend kann die Antwort aber nicht gewertet werden. Das Wort Gravitation ins Rennen zu werfen, ist ebenfalls nicht falsch und zieht die Erläuterung spielerisch ins Besserwisserische. Jetzt nur noch Begriffe wie Springtide und Nippflut hinzunehmen, zu bedenken geben, dass die Erddrehung auch noch was mit all dem zu tun hat und das Ganze versicherungsvertretermäßig ein bisschen kreuz- und querverbinden – fertig ist die Meteorolüge, mit der man auf langweiligen Partys oder Hochstaplerkongressen ganz schön weit kommen kann.

Schade nur, dass niemand wirklich wissen will, wie Ebbe und Flut funktionieren. Die Ostfriesen als Betroffene und Beflossene weisen knapp darauf hin, dass Ebbe und Flut nicht, wie gern behauptet, Niedrigwasser und Hochwasser bezeichnen, sondern ablaufendes und auflaufendes Wasser, und dass die Begriffe für Niedrigwasser und Hochwasser Niedrigwasser und Hochwasser seien. Ansonsten flüchten sich Ostfriesen gelegentlich in selbstironische Humorigkeit (sie seien so hässlich, dass das Wasser abhaue, wenn sie an den Strand gingen). Aber den meisten da oben ist es egal, wie das kommt, dass das Wasser kommt und wie das geht, wenn's wieder geht. »Kommt ja sowieso wieder«, sagen sie. Und wann Hochwasser ist, steht nicht in den Sternen, sondern in der Zeitung.

Aber das mit dem Uran hätte man ja schon gern gewusst.

Toten Punkt

Eines der Sprichwörter, bei dem Anspruch und Wirklichkeit am weitesten auseinanderklaffen, lautet: Man soll aufhören, wenn's am schönsten ist. An dieser Stelle müssen nicht einmal Beispiele genannt werden, vor allem nicht die naheliegenden. Ist schon klar, was Sie denken.

Na gut, doch ein Beispiel: Partys. Partys sind nie zu Ende, wenn es am schönsten ist, sondern dann, wenn der Gastgeber den Staubsauger anwirft und demonstrativ um die letzten Gäste herumsaugt. Das ist dann das offizielle Ende und nicht schön, sondern schön laut. Und schmerzhaft, zumindestens für die Schnapsleichen, denen der Gastgeber dauernd den Saugfuß vor den Schädel rammt.

Doch es gibt nicht nur dieses eine Ende einer Party, sondern ganz viele. Die sind dann vorläufig und individuell und heißen toter Punkt. Der tote Punkt ist eine ungefragte, zwischenzeitliche Maulerei des Körpers in Form von schlagartiger Müdigkeit. Der tote Punkt äußert sich gegenüber Dritten durch zufallende Augen, unappetitliches Gähnen und den Satz »Ich glaube, ich habe gerade meinen toten Punkt«. Dieser Satz macht dem Gesprächspartner deutlich, dass er nicht mit jemandem gesprochen hat, der total gut zuhören kann, sondern mit einem Schlafenden.

Tote Punkte lassen sich umgehen. Zum Beispiel durch Vorschlafen am Anfang der Party, wenn noch ausreichend Sofafläche vorhanden ist. Oder durch eine kleine Ansage an die versammelte Gästeschar, doch bitte die Fenster offen zu lassen und nicht zu rauchen. Auch 30 Tassen Kaffee vorher sind ein probates Mittel, haben aber häufig unkontrollierbaren Stepptanz zur Folge, was speziell auf Verwandtengeburtstagen außerhalb Irlands eher befremdlich wirkt.

Ach, das ist Ihnen peinlich? Dann gehen Sie einfach, wenn's am schönsten ist.

LEBEN OHNE
Trolly

Es ist noch gar nicht so lange her, da war praktisches Gepäck total uncool. Rucksäcke zum Beispiel. Sie erinnerten an Schulranzen, an Haltungsschadenprävention und an Butterbrote mit Dritte-Wahl-Aufschnitt in Alufolie. Praktische Erwägungen wie beidseitige Armfreiheit wurden ignoriert. Wer cool sein und 'n bisschen schlau aussehen wollte, trug Sozialkundelehrerumhängetaschen aus hellbraunem, weichen Leder mit zu vielen Fächern und Einzelparkplätzen für Korrigierstifte oder hielt sich auf Reisen mit grünen Kunstlederkoffern ab 40 Kilogramm fit. Auch schön: Bundeswehrstoffbeutel in Nato-Oliv oder die brettharte Familienaktentasche, in der schon Generationen von Vorfahren ihre – ACHTUNG: GEWÄHLTES WORT – Habseligkeiten - transportiert hatten. Ja, selbst rodeln konnte man mit dem Ding.

Einige dieser Taschen sind immer noch im Umlauf. Die meisten ihrer Träger sind Sozialkundelehrer geworden. Man darf ihnen ruhig misstrauisch gegenüber treten, man darf ihnen überkommene Eigenschaften andienen und sie mit Liegerädern und Georg Danzer in Verbindung bringen.

Aber eins kann man ihnen nicht vorwerfen: Trollys. Oder wie auch immer die Zweiradkoffer heißen, diese Taschomobile, diese Pilotenfiffis, diese Ziehschachteln mit ihren versenkbaren Griffen, deren Geräusch ehemals himmlisch ruhige Bahnhofshallen in Lärmhöllen verwandelt hat. Alles zieht zum Zug. Die Zeiten sind vorbei, da sich die Menge des Gepäcks nach seiner Notwendigkeit richtete. Mitgenommen wird, was mitzieht. Da sind alle gleich schlimm, bis auf Frauen. Die sind schlimmer. Seit es Kosmetikkoffer mit Rädern gibt, haben sie die Dimension von Werkzeugschränken, nur in Rot. Die Rollkommandos der Hersteller arbeiten bereits an fahrbaren Lippenstiften und Schminkspiegeln. Für die Reifen-Frauen.

Überbrückungskabel

»Mitführen« ist ein selten dämliches Wort. Mal ehrlich. Es wird vor allem von so genannten Experten benutzt, die einen gewissen Hang zum Beamtismus haben und auch in ihrer Freizeit gern mal die eine oder andere Maßnahme durchführen oder erfolgen lassen. Den um Verkehrssicherheit bemühten Experten kommt das Wort »Mitführen« über die Lippen, wenn sie Autofahrern Tipps für ihre Zubehörausstattung geben. Warndreieck, Verbandskasten und Führerschein soll man ja sowieso immer mitführen, und in kalten Tagen wird neben Eiskratzer und Türschlossenteiser ein Überbrückungskabel dringend zur Mitführung empfohlen.

Genau genommen sind es sogar zwei Kabel, ein schwarzes und ein rotes, mit deren überlebenswichtiger Unterscheidung in Plus und Minus man besonders bei ahnungslosen Frauen unglaublich auf die Sahne hauen kann. Wenn Männer Überbrückungskabel in die Hand nehmen und diesen eiskalten Bombenentschärferblick aufsetzen, werden sie unwiderstehlich und die Frauen so schwach wie ihre Batterie. Dieser Blick sagt: Wenn die Zangen jetzt an die falsche Stelle geklemmt werden, Baby, fliegen nicht nur zwei Menschen und zwei Autos in die Luft, sondern die gesamte nähere Umgebung. Aber keine Angst, wenn ich was zum Strömen bringe, dann hat es bislang immer gefunkt. Diese Männer erkennt man auch daran, dass sie jungen gutaussehenden Damen in alten, schlecht aussehenden Autos auch Überbrückung aufnötigen wollen, wenn dies gar nicht nötig ist und die Karre vielleicht längst läuft.

Fazit: Die Winter werden milder, die Batterien besser, und ein Mann mit einem Überbrückungskabel ist wie der mit der Schokolade. Also: Bitte nicht mitführen!

LEBEN OHNE ...

Ungarischen Vornamen

Namen sind Nachrichten, heißt es bei Journalisten gern. Zum Beispiel der Vorname Imre. Für Menschen, die beim Gulaschessen klaglos weinende Stehgeiger neben sich erdulden, in gemischten Großgruppen volkstanzen und sich im engsten Freundeskreis gern als hungarophil outen, mag »Imre« klingen wie »Hans-Jürgen« oder »Klaus«. Für Hans-Jürgens und Kläuse wie du und ich klingt Imre wie der Anfang eines Gedichts, bei dem nach vier vielversprechenden Buchstaben die Sponsoren ausgegangen sind, wie eine südosteuropäische Währung oder wie ein Unfall beim »Scrabble«. Es kommt noch schlimmer. Im Land der Elkes, Ankes und Imkes haben Imres einen schweren Stand. Kinder, die von ihren Eltern Imre genannt werden, müssen damit rechnen, bis zur eindeutigen Herausbildung männlicher Spezifika zu den Mädchen gezählt zu werden, besonders wenn sie ohne Bart eingeschult werden. Es soll schon deutsche Imres gegeben haben, die gleich bei den Mädchen sitzen geblieben sind und irgendwann selbst eins waren.

Bei Imres, die die Kurve doch noch gekriegt haben, kann der Vorname in Verbindung mit dem Nachnamen weitere Komplikationen hervorrufen, besonders wenn der Nachname annähernd die gleichen Buchstaben enthält. Bei Grimm beispielsweise bieten sich Jakob oder Wilhelm doch förmlich an. Aber Imre Grimm? Klingt wie der poetische Name eines vom Aussterben bedrohten Waldtiers. Ist aber nur eine geradezu verschwenderische Anhäufung vom Aussterben bedrohter Buchstaben. Mit der Zusammenfassung zu »Grimmre« spart man immerhin ein »i« und ein »m«, einen halben Imre also.

Den anderen halben muss man wieder teuer kaufen. Und das tun selbst Imres äußerst ungarn.

Urlaubsfotos

»Vorne links ist das Hotel, in dem wir gewohnt haben. Der davor ist Luigi, der Hotelchef, total lustig, der Typ. Rechts ist das tolle ›Roma‹, wo wir abends immer gegessen haben. Und hinten im Nebel, das sind die Dolomiten. Das Foto haben wir ganz früh gemacht, ansonsten war immer Supersicht.«

Was das Urlaubsfoto nicht verrät: Bis auf den sichtbaren Teil links ist das Hotel eine Bruchbude, Luigi heißt eigentlich Ralf, ist ein Pauschalurlauber aus Niederwürzbach, wurde mit einer Flasche Grappa aufs Foto genötigt, und seine fehlenden Füße sind keine Behinderung, sondern der gewählte Bildausschnitt. Das »Roma« auf der anderen Seite der Hauptverkehrsstraße (nicht im Bild) war nur deshalb so voll, weil das Essen im Hotel so schlecht war. Und hinten ist zwar Nebel, aber nicht ein einziger Dolomit, auch nicht bei Supersicht. Trotzdem: Der Zuhörer dieser schwärmerischen Bildbeschreibung glaubt alles und dokumentiert sein aufmerksames Interesse mit einem immer wieder eingestreuten »Aha« oder »Mhm« oder »Ja, echt schön« oder »Sieht auch so aus«. Wenn er zu Wort kommt. Meistens redet nur der Urlauber und verlangt, dass auch komplizierteste Zusammenhänge verstanden werden (»Das ist Katja, die Frau von Manfreds Bruder, die im ›Roma‹ immer am Nebentisch gesessen haben. Manfreds Bruder war der mit der Schirmmütze eben auf dem Foto, warte mal ...«). Ein Vorschlag: Lassen Sie die Fotos weg. Investieren Sie fünf Euro in einen Stoß Ansichtskarten eines ansehnlichen Ortes in der Nähe ihres Urlaubsdorfs und die Flasche Grappa geben Sie nicht Ralf aus Niederwürzbach, sondern denen, die zu Hause krampfhaft nach einer Ausrede für den geplanten Foto-Abend gesucht haben.

Wait-Watchers

Auch Spanner haben dieser Tage die Qual der Wahl: Entweder wie immer allein vorm Fenster hocken oder zur Abwechslung mal zum Public Viewing an den FKK-Strand. Natürlich ist gemeinsames Spannen für Spannende spannender als dieses einsame Glotzen in die Nachbarhäuser, immer Licht aus, immer aufpassen und immer diesen Apparat vor den Augen, dass einem die Arme lahm werden.

James Stewart, seit seiner Rolle in Hitchcocks »Das Fenster zum Hof« großes Vorbild ganzer Einzelspannergenerationen, hatte für Verpflegung und Smalltalk wenigstens Grace Kelly bei sich, für die auch der Spanner von heute gern mal das Fernglas sacken lassen würde. Aber der Private Viewer sitzt einfach nur da, kaut wie in jeder Nacktschicht auf seiner Bringdienst-Pizza Tonno herum, faselt mit sich selbst und wartet, dass was passiert. Aber selbst wenn was passiert, sind die Arbeitsbedingungen härter geworden. Nicht umsonst haben sowohl die Spannergewerkschaft vi.di als auch der Weltverband »Polyglotz« darauf hingewiesen, dass die Entkleidungskultur bei Frauen völlig zu verrohen droht und in bürgerlichen Wohngegenden das Abendprogramm an ganzen Fensterfronten so spannend ist wie ein soziokultureller Themenabend auf arte.

Da ist doch das organisierte Gucken in den Fanarenen der Nacktbadeareale eine wunderbare Abwechslung. Die Stimmung ist toll, und man kann über sehenswerte oder strittige Szenen direkt diskutieren. Ist die Fanarena gut versteckt, kann man auch mal einen Grill aufstellen und bei einer Wurst entspannt ins Gespräch kommen. Spannen ist völkerverbindend, Wait Watching, wie es international heißt, überwindet Grenzen, es ist weltumspannend. Wenn James Stewart das noch erleben könnte.

LEBEN OHNE ...
Wandpuzzle

Wenn mal was kaputtgeht, macht man es wieder heile. So gut es geht jedenfalls. Manche Menschen haben so viel Spaß am Heilemachen, dass sie entweder Automechaniker oder Zahnarzt werden oder sich gleich kaputte Dinge kaufen. Modellbauer kaufen sich kaputte Flugzeuge, setzten sie zusammen und stellen sie dann zu den anderen ins Regal, die unter einer Staubschicht geduldig darauf warten, beim nächsten Umzug endlich entsorgt zu werden.

Auch für Kunstfreunde gibt es Bausätze. Gemäldebausätze. Sie heißen Puzzles, liegen in unsortierten Stückelungen von 1000, 2000 oder mehr immer auf die Null passenden Teilen vor und sind weit mehr als Beschäftigungstherapie für Rentner oder Langzeitstudenten. Liebhaber geschmacksneutraler Wanddekoration greifen nach erfolgreicher Zusammensetzung zu einer Klebepampe, verbinden die gerade verbundenen Teile auf ewig und drei Tage – und hängen das Bild in den Flur. Warum die meisten Puzzles in Fluren hängen, ist nicht abschließend geklärt. Es wird vermutet, dass es mit der Abschaffung der Partykeller Mitte der achtziger Jahre zusammenhängt.

Übrigens ist es eine ganz normale Reaktion, vor einem Wandpuzzle in einer fremden Wohnung kurz inne zu halten und Rückschlüsse auf den Wandbesitzer zu ziehen. Fotorealismus wie Ponys auf Wiesen, Zwiebelkirchtürme in Südtirol und Sonnenuntergang in Herne stehen gleichberechtigt neben Mona-Lisa-Nachbauten oder der Konstruktionsskizze des Eiffelturms. Wie schön! Wie vielfältig! Und nicht vergessen: Standardfrage stellen. Sie lautet NICHT »Hast du das selbst gemacht?« (Blöde Frage …) Sondern: »Wie viele Teile?«

Letzte Meldung: In den vergangenen Wochen sind vermehrt Puzzles mit gefälschtem Haltbarkeitsdatum im Handel aufgetaucht. Diese falsch etikettierten Gammelpuzzles sollen aus einer Spielwarenfabrik in Sachsen-Anhalt stammen. Die Ermittlungen laufen.

LEBEN OHNE ...

Wartezimmer

Wie man in den Wald hineinruft, so schallt es heraus. Ja, der Volksmund, er muss ein Stadtmensch gewesen sein. Denn das meiste, was im Laufe der Zeit so in den Wald hineingerufen wurde, hat sich nie wieder hören lassen. Eine von der deutschen Notrufzentrale in Auftrag gegebene Studie des Waldforschungsinstitus »forsta« hat ergeben, dass deutsche Wälder fast 70 Prozent aller Rufe unbeantwortet lassen, selbst bei der Stammkundschaft. Fazit: Der deutsche Wald ruft nicht zurück. Aber das nur am Waldrand.

Ganz anders ist es beim Arzt. Wie man in ein voll besetztes Wartezimmer hineinruft, so schallt es heraus. Jedenfalls so ähnlich. Dieser erste Moment, oft ist es vor 8 Uhr, kann entscheidend sein für Krankenbild und Heilungsverlauf. Man trifft auf Menschen, die die Häupter gesenkt haben und in sich oder »Frau im Spiegel« vertieft sind. Ein Leidenslesezirkel. Ruft man nun also ein frohes »Moin!« in die Runde hinein, schallt ein zartes, fast sakrales, wenn auch vokalarmes »Mmmmh« heraus. Manche grüßen auch per Hustenanfall, beides bedeutet übersetzt: »Ach, hallo, schön, dass Sie auch krank sind.«

Ist kein Platz frei, kann man sich entweder in die Legoecke setzen oder einen lebensbedrohlichen Hexenschuss vortäuschen, damit einer aufsteht. Jetzt kann man sich »Echo der Frau« schnappen oder das Gesprächsprogramm beginnen, als Einleitung empfiehlt sich: »Wie geht's uns denn?«, als Antwort geht immer, »Den Umständen entsprechend.« Den Umständen entsprechend heißt: richtig schlecht, aber lass' uns über was anderes reden. Zum Beispiel über Sex. Lassen Sie sich nicht entmutigen, wenn die anderen Wartenden nicht sofort mitdiskutieren, es ist halt noch früh. Wenn Ihre Fragen kein Gehör finden, geben Sie einfach ein paar Tipps. Oder erzählen, wie Sie mit ihrem Schuldenproblem fertig werden. Das lockert die Stimmung, Und zum Schluss singen Sie noch gemeinsam. Bis der Arzt kommt.

LEBEN OHNE ...

Wäschewanne

Schmutzwäsche vom Wäschekorb bis zur Waschmaschine zu transportieren, kann ein kompliziertes Unterfangen sein, wenn man keine Wäschewanne hat. Aber es geht trotzdem. Sortieren Sie zunächst wie gehabt die Wäschestücke nach Verschmutzungsgrad, Farbe und Preis auf kleine Häufchen. Dann beugen Sie sich leicht vor und greifen mit beiden Händen großzügig unter den Haufen. Ziehen Sie ihn fest in Ihre Schoßkuhle und fixieren ihn unten mit den Oberschenkeln, oben mit der unteren Bauchmuskulatur und vorn mit Ihrer schwächeren, also vornehmlich mit der linken Hand. Die andere brauchen Sie noch. Keinesfalls aufrichten. Die erste Phase ist jetzt abgeschlossen.

Jetzt kommt die zweite Hand ins Spiel. Kleinteilige Wäschestapel lassen sich auch bei geübten Greifern nie in ihrer Gesamtheit erfassen. Meistens fallen Einzelstücke aus der Unterwäsche- oder Accessoiresabteilung herunter. Durch noch tieferes Hinabbeugen sollte jetzt a) die Wäschepresse intensiviert und b) der Abstand zu den zu bergenden Teilen auf ein Minimum beschränkt werden.

Jetzt muß alles ganz schnell gehen. Fehlende Teile mit der Greifhand im Knäuel versenken, wenn sich daraufhin andere Wäscheteile lösen, Vorgang wiederholen. Dann Phase 3 einleiten.

Jetzt loslaufen. Extrembeuge beibehalten, geschmeidig bewegen, keinesfalls hüpfen. Vor dem offenen Einfüllstutzen Bauchpresse lösen. Wäsche hineinzwängen, aufrichten, ausatmen – fertig.

WM-Grippe

Drei Monate vor der Weltmeisterschaft im eigenen Land kommt es zur reizvollen Begegnung völlig unterschiedlicher Kontrahenten, meine Damen und Herren! Willkommen zum großen Schlagzeilenabtausch, es treten an: Jürgen Klinsmann, ver.di und die Vogelgrippe. Noch belauern sie sich, doch jetzt geht die Vogelgrippe erstmals steil: Tor auf Rügen! Tatenlos schaut der öffentliche Dienst zu, doch ehe ver.di zum Gegenschlag ausholen kann, prescht Klinsmann vor: 1:4 in Italien! Genial: Das ist schlimmer für Deutschland als Vogelgrippe und ver.di zusammen!

Die Gegner sind verwirrt, Franz Beckenbauer auch, doch der WM-Eigentümer handelt im Doppelpass mit der Boulevardpresse vorbildlich und sammelt mit wirrem Gefasel weitere Schlagzeilen für Klinsmann. Während sich die Arbeitskampf-Regisseure nicht auf eine gemeinsame Taktik einigen können, schlägt die Vogelgrippe wieder zu: Tor in Schleswig-Holstein! Tor in Baden-Württemberg! Tor in Niedersachsen! Klare Führung durch Angstszenario. Jetzt nimmt Bsirske das Heft in die Hand, ver.di setzt zum Powerplay an. Streik bis 2010? WM absagen wegen riesiger Müllberge? Das gibt Punkte. Klinsmann kontert geschickt, lässt den rastlosen Beckenbauer immer wieder weite Wege gehen. Aber es lohnt sich. Mit zusätzlichen Testspielen und der Rückkehr von Christian Wörns soll der nationale Notstand abgewendet werden. Während ver.di an Interesse einbüßt, ist Klinsmann jetzt fast dran, doch da wechselt die Vogelgrippe die ersten Haustiere ein und provoziert jetzt ihrerseits wertvolle WM-Absage-Titelzeilen. Es wird hektisch. In der Schlussphase geht alles durcheinander: Bundeswehreinsatz gegen Klinsmann? Matthäus für Bsirske? Macht Müll Vogelgrippe?

Wir geben zurück in die angeschlossenen Funkhäuser.

LEBEN OHNE ...

Wunderkerzen

Es war einmal ein Erfinder namens Wunder. Der erfand ein ummanteltes Stäbchen, das Funken spie, wenn man eine Flamme dran hielt, eine Art Feuerwerk am Stiel, nur ohne Knallen. Grund genug für den etwas eitlen Wunder, die Kerze nach sich zu benennen. Und plötzlich, wer hätte das gedocht, war er in der ansonsten stockkonservativen Kerzenbranche ganz vorn. Selbst innovative Kollegen wie die Herren Nebel und Tropf mit ihren Kreationen staunten. Die Wunderkerze indes trat einen beispiellosen Siegeszug an, und ihr Wirken sollte nicht lange auf Weihnachtszeit und Partykeller beschränkt sein.

Denn es begab sich, dass Menschen Wunderkerzen in diesen butterbrotpapierähnlichen Tütchen horteten, sie in Popkonzerte von Barclay James Harvest trugen und zu den Zeilen »Valley's deep and the mountain's so high« wie verrückt durch die Luft schwenkten. Fortan trugen Menschen ganze Köcher voller Wunderkerzen in Konzerthallen, um selbst schlimmste Schnulzen in ein Lichtermeer zu tauchen. Herr Wunder rieb sich erst die Augen und dann die Hände.

Heute arbeitet Herr Wunder für die Rüstungsindustrie, und er muss den Niedergang seiner großartigen Erfindung mit ansehen. In Konzerten recken Menschen immer noch die Arme, wenn die Ballade dräut, doch ihre feuchten Finger umklammern keine funkelnden Drahtstengel mehr, sondern teure Fotohandys. Sie alle machen Bilder, nicht weil die Bilder gut sind, sondern weil es alle machen. Und auch Herr Wunder weiß: Solange man mit seinen Kerzen nicht telefonieren kann, wird sich das auch nicht ändern. Im Gegenteil: Bereits in diesem Winter sollen die ersten Weihnachtshandys auf den Markt kommen, die man zum Fest einfach abbrennen kann.

Handys abbrennen? Das ist doch mal was.

Zeitungsglossen

Imre Grimm

Das Ding

Die Wahrheit über Zuckerstreuer, Monchichis & Co.

Herausgegeben von der Madsack Supplement GmbH & Co. KG

128 Seiten
Hardcover
ISBN
978-3-86674-018-1

Lüsterklemme, Blockflöte, Shell-Atlas, Cocktailschirmchen – wir sind umgeben von merkwürdigen Dingen. Manche lieben wir, manche nicht. Aber ohne sie würde etwas fehlen. Höchste Zeit, ein paar Klassiker zu würdigen. Und nebenbei wichtige Fragen zu klären: Was ist besser: Mit dem Jojo in der U-Bahn oder mit Brustbeutel auf Klassenfahrt? Warum werden Milchgesichter mit Bauarbeiterhelm zu knallharten Klemmbretträgern? Und wo wohnen die Monchichis heute?

zu KLAMPEN!

ZU KLAMPEN VERLAG · RÖSE 21 · 31832 SPRINGE
Fon 0 50 41 - 80 11 33 · Fax 0 50 41 - 80 13 36
www.zuklampen.de · info@zuklampen.de